和田式合格カリキュラム

伸びる！英語の勉強法

緑鐵受験指導ゼミナール・精神科医
和田秀樹

瀬谷出版

はじめに

● "偏差値50の壁"に悩む受験生へ

　模試を受けると、英語は偏差値45から55の範囲で停滞し、いっこうに伸びる気配がない。そんな悩める受験生を、私はイヤというほど見てきた。

　原因はハッキリしている。ただ、本人がそれに気づかないまま、「今まで通りの勉強を、今まで通りに」やろうとする。残念ながらこれでは伸びない。

　本書では「伸びない原因」を"英語力バランス"の観点から分析し、"偏差値50の壁"を突き破る具体的な勉強法を提示する。もちろん、それだけでは終わらない。目標はもっと高いところに設定している。

● 難関大レベルの"共通学力"をつける！

　私は"志望校向きの学力"を偏差値で測ることには抵抗がある。ただ、どの大学を受けるにも要求される"共通学力"に関しては、偏差値が一定の目安になると考えている。

　それで言うと、難関大突破に必要な"共通学力"は偏差値60台後半から70台前半であろう。本書では、このレベルの実力をつけることを目標に参考書ラインナップを組み、各々の参考書の使い方を手取り足取り、懇切丁寧に指導する。「やり方を変えれば必ず伸びる！」。そう信じて取り組んでほしい。

　最後に、執筆の過程で多大な協力をいただいた「緑鐵受験指導ゼミナール」の東大生スタッフに、この場をお借りして深く感謝の念を表したい。

和田秀樹

＊本書は『偏差値50から英語を伸ばす勉強法』(瀬谷出版、2011年刊)を大幅リニューアルしたものであり、書名を『伸びる！英語の勉強法』と改めました。

目次

第1章 和田式●英語入試力●完成プラン
"偏差値50の壁"を破って伸ばす！

Lecture 1　"偏差値50の壁"を破るには……………………6
Lecture 2　《英語入試力》をつける……………………12
Lecture 3　参考書ラインナップ……………………22

第2章 和田式●英語入試力●完成プラン
実力を伸ばす！参考書の使い方

この章のはじめに……………………36

メインライン
解釈力・速読力強化から総合問題演習まで

ステージ1 ● 長文への"慣れ"を強化する！……………………40
　◎必修英語長文問題精講（旺文社）
　　使い方 42　／　勉強法フローチャート 43　／　解説 44

ステージ2 ● 解釈の精度を高める！……………………52
　◎英文解釈のトレーニング・必修編（Z会出版）
　　使い方 54　／　勉強法フローチャート 55　／　解説 56

ステージ3 ● 速読スピード200％を実現！……………………68
　◎キムタツ式英語長文速読特訓ゼミ・基礎レベル編（旺文社）
　　使い方 72　／　勉強法フローチャート 73　／　解説 74
　◎キムタツ式英語長文速読特訓ゼミ・センターレベル編（旺文社）
　　使い方 82　／　勉強法フローチャート 83　／　解説 84

◎パラグラフリーディングのストラテジー
　　　①読み方・解き方編（河合出版）
　　　使い方 86　／　勉強法フローチャート 87　／　解説 88

ステージ4 ●総合問題演習で仕上げる！……………………108
　　◎パラグラフリーディングのストラテジー
　　　②実戦編　私立大対策（河合出版）
　　　③実戦編　国公立大対策（河合出版）
　　　使い方 110　／　勉強法フローチャート 111　／　解説 112

サブライン
リスニング力強化から文法・語法対策まで

ステージ1 ●シャドーイング試運転！……………………124
　　◎ゼロからスタート・シャドーイング（Jリサーチ出版）
　　　使い方 126　／　勉強法フローチャート 127　／　解説 128

ステージ2 ●英語を"丸飲み"して鍛える！……………………132
　　◎速読英単語①必修編／同・対応CD（Z会出版）
　　　使い方 134　／　勉強法フローチャート 135　／　解説 136

ステージ3 ●"使える知識"を効率よく吸収！……………………142
　　◎Next Stage 英文法・語法問題（桐原書店）
　　　使い方 144　／　勉強法フローチャート 145　／　解説 146

第1章

"偏差値50の壁"を破って伸ばす！

実力派の参考書を結集！
センター9割超、難関大突破へ!!

Lecture 1 "偏差値50の壁"を破るには

伸び悩みの原因を突き止め、解決法を考えることからスタート！

●●●"偏差値50の壁"を突き破れないワケ

「定期テストはまずまずだけど、模試になるとダメ」。

そんな高校生がたくさんいる。普通の高校ならクラスの9割以上、かなりの進学校でも6割くらいの人がそうだろう。しかし、受験までまだ時間があると思うからか、それほどの危機感がない。「ちゃんとやっていれば、そのうち模試でも結果が出てくるだろう」と、けっこう楽観的に考えている。

だが、半年たっても1年たっても状況は変わらない。大手予備校のある模試では偏差値50を超えることがあっても、55にはなかなか乗ってこない。まして60など、手が届かない。さすがに「これはマズい」と焦り始めるが、何をどうすればいいのかわからない……。

「あ、これって自分のことみたい」と思ったかもしれない。でも、キミだけではない。これまで学校の授業を中心に英語の勉強をしてきた人は、多かれ少なかれ同じような壁にぶつかる傾向にある。"偏差値50の壁"に行く手を阻まれ、そこから上になかなか伸びてくれないのだ。

もちろん解決法はある。それを伝えるために、私はこの本を書いているのだが、まずは伸びない原因を一緒に考えていこう。原因さえわかれば、何をどうすればいいかも見えてくる。

次ページの図表を見てほしい。これは、"偏差値50の壁"に突き当たっている人にありがちな"英語力バランス"をイメージ化したものである。

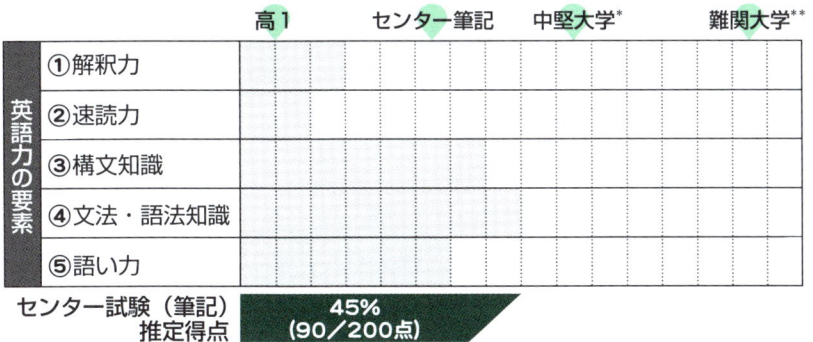

（注）＊中堅大学…国立大は旧帝大を除く大学、私立大はMARCHが基準。＊＊難関大学…国立大は京都大を除く旧帝大、私立大は早慶上智が基準（ただし、早慶上智は②と⑤のレベルが表記より上）。
【補足】MARCH：明治大・青山学院大・立教大・中央大・法政大
　　　　旧帝大：北海道大・東北大・東京大・大阪大・名古屋大・京都大・九州大

●●● 学校の授業メインでは読解量が圧倒的に不足する

　図表では「英語力」を５つの要素に分けている。細かい説明はあとに回すとして、パッと見てどうだろう。①「解釈力」と②「速読力」が下の３つ（③、④、⑤）に比べて低いレベルにとどまっているのがわかる。実は、これが"偏差値50の壁"を超えられない最大のネックになっている。

　学校の授業をメインに勉強していると、どうしても解釈力、速読力の伸びが遅れをとってしまう。理由は簡単で、教科書で扱う英文の量が圧倒的に少ないからである。高１の教科書で約6000〜8000語、高２の教科書で約8000〜9000語、２年間合わせても１万5000語ほどだろう。

　１万5000語と言われてもピンとこないかもしれないが、総語数3000語台のセンター試験・英語（筆記）の４〜５年分の分量でしかない。また、難関大学の入試では少なくとも「１分間120語」の速読力が必要とされている。このスピードで教科書２冊分１万5000語の英文を読むと、２時間ちょっとで

Lecture 1 ● "偏差値50の壁"を破るには

終わってしまう。「2時間ちょっと」を学校では2年間かけてダラダラ教える。こんなペースでやっていたら、解釈力も速読力も伸びないのは当たり前である。

入試に対応できる解釈力、速読力をつけるには、教科書とは別に少なくとも3万語の英文を読み込む必要がある。学校の授業では、高3になってからのリーディングや演習授業を含めても、おそらく高校3年間で3万語に届くか届かないかといったところだろう。これでは、センター試験も含めて長文読解が重視される最近の大学入試にはとても太刀打ちできない。

●●● 勉強している割には
　　　定着していない現実

一方、高校で教える構文や文法・語法の授業はそれなりに充実していて、高2の終わりまでにはセンター試験レベルに達する。語いに関しても、入試レベルの単語集などを生徒に持たせて小テストでチェックする学校が少なくない。前ページのイメージ図では、③、④、⑤の要素で示された部分である。

構文知識や文法・語法知識、語い力がセンターレベルに達していれば、それと連動して解釈力や速読力がもう少し伸びてもいいはずなのだが、実際にはそうなっていない。その原因は「定着率の低さ」にある。要するに、「覚えたつもり」になっているだけで、実際にはそれほど頭に残っていないのだ。模試で間違えた文法・語法問題を分析してみると、「知らなかった」のではなく、「思い出せなかった」「忘れていた」問題が多いことに気づくはずだ。

この状態を表したイメージ図を、次ページに示す。灰色で示した部分は「身についたはず」と思っている"想定学力"を、薄い緑色は実際に残っている"実質学力"を表している。この図では、定着率5〜6割といったところで、全体的には高1レベルの「英語力」にとどまっている。

もしこの状態でセンター試験（筆記）を受けたとすると、おそらく45パーセント程度（200点満点中90点前後）にとどまるだろう。

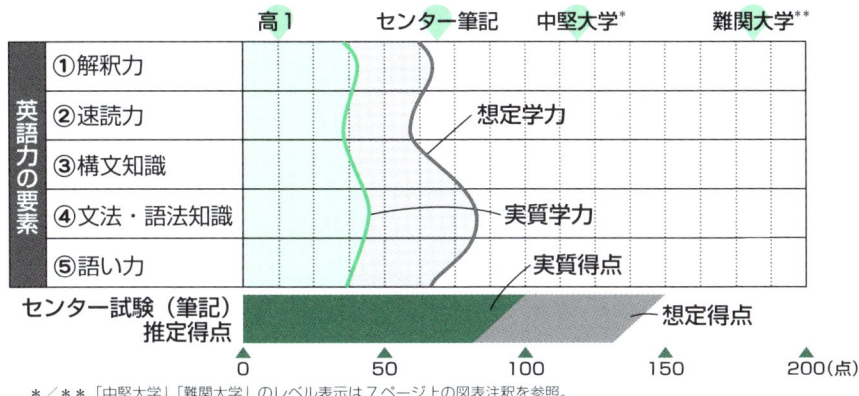

＊／＊＊「中堅大学」「難関大学」のレベル表示は7ページ上の図表注釈を参照。

●●●"偏差値50"の壁を破る 2本柱の対策と課題

　"偏差値50の壁"を破れない原因が、ここまでで2つ出てきた。それぞれ対策とともにまとめておこう。ここから2つの課題が導かれる。

> **伸びない原因と対策**
>
> **1．読解不足による解釈力、速読力の伸び悩み**
>   - **対策**
>   英文を大量に読み込んで、解釈力、速読力を強化する。
>
> **2．習ったことが完全に定着していない**
>   - **対策**
>   記憶の定着率を上げる勉強法に切り換える。

"偏差値50の壁"を破って伸ばす　9

Lecture 1 ● "偏差値50の壁"を破るには

課題 ① 集中的な精読トレーニング

　解釈力とは、この本では「英文の構造を正しく把握する力」、つまりS（主語）・V（動詞）・O（目的語）・C（補語）や句・節の修飾関係からなる「英文の型」を見抜いて「正しく」読む力のことを言う。たとえば、次の英文を見てほしい。

What seems easy at first turns out difficult very often.

　おそらく知らない単語はないだろうが、何を言っているのかよくわからない人がいるかもしれない。それは、この英文の基本的な構造がわかっていないからである。実は、このようになっている。

> [What seems easy at first] turns out difficult very often.
> 　　　　S（主語）　　　　　V（動詞）C（補語）　副詞
> 最初に簡単に見えること　　　わかる　難しい　　非常にしばしば
>
> 【訳】　最初は簡単に見えることが、（実は）難しいとわかることが非常にしばしばある。

　「上手な訳」が書けるかどうかは二の次で、まずは英文の構造を見抜けなければ話にならない。解釈力が足りないと、「フィーリングに頼った読み」から抜け出せない。たとえば模試の長文問題で、単語の意味を適当につなぎ合わせた"意味不明な訳"を書いたり、ことごとく不正解の選択肢にひっかかったりしていないだろうか。これは英文の構造がわからないまま感覚的に読んでいるからである。そこを直すことが、"偏差値50超え"の第一歩となる。

　解釈力を強化するには、一文一文の構造を丹念に確認しながら英文を読み込

む「精読トレーニング」を集中的に行うのが一番効果的である。学校でも似たようなことはやっているだろうが、トレーニングの絶対量が少ない上にペースが遅いので、短期間での成果は期待できない。

　和田式の英語勉強法では、早い段階で精読トレーニングに取り組んで一気に入試レベルの解釈力をつける（精読期）。速読力強化は、その合間や、あとに取り組む（速読・総合問題期）。ゆっくり読んで英文の意味を取れない状態では、いくら速く読もうとしても内容を理解できるはずがないからだ。

　よく、模試の長文読解に時間がかかりすぎ、最後はいつもヤマカンに頼ってササッと解答欄を埋めて終わる人がいる。「読解力が足りない」のは確かにそうなのだが、そのひと言で片づけてしまうと本当の原因が見えてこない。

　この本では、〈読解力＝解釈力＋速読力〉と定義する。それによって、「解釈力が足りないから読めないのか」「解釈力はあるが速読力が不足しているから点が取れないのか」というように、うまくいかない原因を特定し、"壁"を破るための具体的な課題を設定できるようになる。

課題❷　復習重視の"残す勉強法"の確立

　学校の授業でも参考書を使った勉強でも、習ったことが確実に定着しないまま先に進んでしまう人が多い。たとえば、単語の小テストで満点が取れたとしても、それで「完璧に定着した」というわけではない。

　定期テストでも小テストでもいいので、試しに1週間後に同じものを解き直してみよう。以前できた問題でも、かなりの割合で忘れていることに驚くはずだ。こんな状態では、いつまでたっても"偏差値50の壁"は破れない。

　習ったことを確実に定着させる有効な方法は1つしかない。とにかく復習をマメに行う。これに尽きる。和田式の勉強法では、復習重視の「残す勉強」を徹底させる。具体的なやり方は第2章で説明するが、"偏差値50超え"のカギとなる「残す勉強法」をこの本でしっかりマスターしてほしい。

Lecture 2 《英語入試力》をつける

解釈力の"底上げ"から入って、
難関大学を狙える英語力を養おう！

●●● まずは解釈力を
センターレベルに！

　学校の授業をメインに英語の勉強をしていると、解釈力が伸びるまでにかなりの時間がかかってしまう。下手をすると、入試までに間に合わないかもしれない。そこで、学校の授業とは別に独学で解釈力をつけていくことが、どうしても必要になってくる。

　最初の目標は、解釈力をセンターレベル前後にまで持っていくことだ。これに関しては、拙著『「絶対基礎力」をつける勉強法』(瀬谷出版、以下『絶対基礎』で略)で、「どの参考書をどういう順序で、どのように使えばいいか」をできるだけ詳しく紹介した。最悪、中学の復習から始めたとしても、7か月で解釈力をセンターレベルにまで引き上げるプランである。

　『絶対基礎』に沿って勉強した場合に到達する「英語力バランス」を、次ページに示す。7ページに掲載したイメージ図と比べてみてほしい。5つの要素のうち解釈力だけがセンターレベルに届いているが、文法・語法知識や語い力などの"知識系"は低めのレベルにとどまっている。この状態で模試を受けた場合も、おそらく偏差値50に届くかどうか微妙なところだろう。

　それでも、「このあとの伸び」を考えると、"絶対基礎力型"のほうが圧倒的に有利なポジションにいる。解釈力さえセンターレベルに達していれば、この先、中堅大学レベル、さらには難関大学レベルに対応できる英語力をつけるのに、思ったほどの時間がかからないからだ。

●"絶対基礎力型"の英語力バランス

英語力の要素		高1	センター筆記	中堅大学*	難関大学**
	①解釈力				
	②速読力				
	③構文知識				
	④文法・語法知識				
	⑤語い力				

センター試験(筆記)推定得点：45%（90／200点）

0　　50　　100　　150　　200(点)

＊／＊＊「中堅大学」「難関大学」のレベル表示は7ページ上の図表注釈を参照。

●●● 解釈力先行メニューで難関大学も視野に！

　この本では、上の図表のように「解釈力がセンターレベル前後まで達している」ことを前提に、その先の勉強法について詳しくアドバイスする。ある意味で『絶対基礎』の"続編"とも言えるが、『絶対基礎』に沿って勉強してこなかった人でも、解釈力がセンターレベル前後に達してさえいれば、抵抗なく入っていけるプランになっている。

　この先の目標はズバリ、難関大学の入試に対応できる英語力を養うところに置く。センター試験（筆記試験）の得点率で言うと、90パーセント（200点中180点）を超えるレベルである。期間は8か月を想定している。

　使用する参考書はあとで詳しく紹介するが、まずは解釈力を難関大学レベルまで引き上げるために、精読トレーニング用の参考書を2冊使う。そのあと、〔速読力強化→解法テクニック習得→総合問題演習〕の順に、5冊の参考書で計85題、語数にして2万6000語近くの長文問題を解いてもらう。すべて合わせると、高校3年間の授業で読む英文の量をはるかに超える。

Lecture 2 ●《英語入試力》をつける

　さらに、"知識量"の面でも難関大学の入試に対応できる実力を養うべく、文法・語法知識、語い（単語や熟語）力などを側面から補強するラインを並行させる。これが、この本で「《英語入試力》完成プラン」と命名する英語勉強法の基本的な骨組みである（20～21ページ参照）。

●●● 個別対策"直前"までを
　　　カバーする《英語入試力》

　「難関大学の入試に対応できる英語力」とは、具体的にどのようなものなのかも、ここで明らかにしておこう。これは、「個別対策の"直前"までをカバーする英語力」と想定している。適当な名称を思いつかないので、とりあえずこの本では単純に《英語入試力》と名づけている。

　実際の入試は、大学によって問題の形式や難易度、出題分野などが違っている。たとえば、記述式英作文が出る大学もあれば出ない大学もある。リスニングや文法・語法問題なども同様だ。記述式英作文が出る場合でも、ごく普通の和文英訳を出す大学もあれば、自由英作文を課す大学もある。そのため、最終的には志望校の入試傾向に合わせた個別対策をしなければならない。

　しかし、個別対策に至るまでは、読解力（解釈力＋速読力）の強化をメインに、どの大学を受けるにも最低限必要な知識を身につける必要がある。このプロセスで養うべき、志望校を問わずだいたい共通する英語力が、この本で言う《英語入試力》である。

　次ページの図表は、《英語入試力》が完成した時点での英語力バランスを示したものである。薄い灰色で示した部分は「スタート時のレベル」を表す。これは便宜上、前ページで示した英語力バランスと同一にしてある。ポイントは「解釈力がセンターレベル前後に達している」という点で、それさえクリアしていれば、他の要素のレベルの高低はそれほど気にしなくてもよい。極端に低い部分は、『絶対基礎』などを参照して補強すればよい。

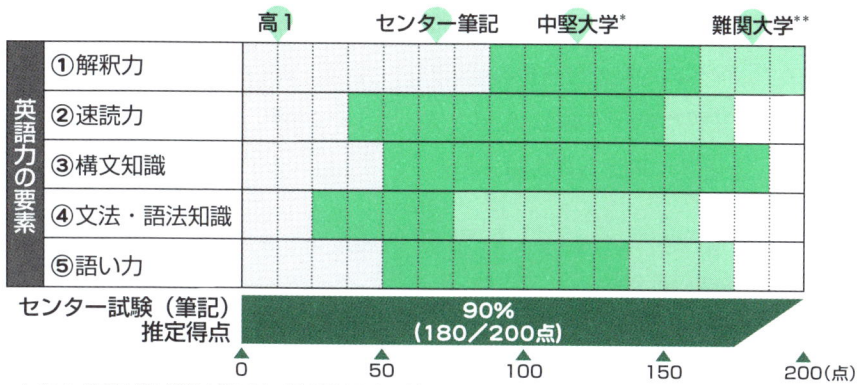

●●● 難関大学までフォローする
《英語入試力》の学力レンジ

　「スタート時のレベル」の右側に濃い緑色で示した部分は、《英語入試力》が完成した時点で「確実にカバーできる範囲」を、その右側の薄い緑色は「浅めにフォローできる範囲」を示す。④の「文法・語法知識」を除いて、濃い緑色がいずれも「中堅大学」から「難関大学」のレベルにまで到達している。

　ちなみに、④で濃い緑色の「伸び」が小さいのは、文法・語法問題の性質に関係する。つまり、センター試験と中堅〜難関大学の個別試験（主に私立大学）で必要となる文法・語法知識の量に大きな差がないことによる。

　《英語入試力》が完成した時点で、センター試験の文法・語法問題の少なくとも8割はカバーできる。このレベルになると、中堅〜難関大学の個別試験（主に私立大学）で問われる文法・語法知識もかなり網羅され、このあとさらに新たな知識をストックする必要性が薄い。④の「浅めにフォローできる範囲」（薄い緑色の部分）が、難関大学の"手前"まで細長く広がっているのは

Lecture2 《英語入試力》をつける

そういう意味であり、一番右側が「必要知識の上限点」と考えてよい。

《英語入試力》についてもう一度確認すると、受験勉強の流れの中では「個別対策"直前"までをカバーする英語力」である。同じ意味で、国公立大学か私立大学かを問わず、「中堅レベル以上のどの大学を受けるにも土台となる"共通英語力"」と言い換えることもできる。

●●●《英語入試力》完成から入試本番までの流れ

《英語入試力》が完成したあとは、志望校の入試傾向や形式に合わせた個別対策に入っていく。基本的にどの大学でも必要なのが、志望校の過去問や大学別模試問題集などを使った総合問題演習である。

中堅レベルの大学で、特殊な形式の問題や本格的な記述式英作文が出なければ、すぐに総合問題演習に入れる。ここまでくると、英語にはあまり手がかからないので、その分の時間を他の教科にたっぷり回せる。

《英語入試力》を完成させたあと、別途に個別対策を積み上げる必要があるのは、大きく分けると次のA～Eである。Dでは、例として挙げた形式のほかにも、文整序問題や記述・論述問題などいろいろある。

個別対策メニュー

- A．記述式英作文、自由英作文の対策（→出題される大学ほぼすべて）
- B．より高度な解釈力、和訳力の強化（→京大、阪大など）
- C．より高度なリスニング力の養成（→東大、東京外語大、ICU、早稲田大国際教養学部など）
- D．要約問題、誤文訂正、超長文など形式別の対策（→東大など多数）
- E．語い力、速読力のさらなる強化（→早稲田大、慶應大、上智大など）

自分の志望校がA〜Eのどれに該当するかは、実際に過去問を解き、傾向や形式の分析をしたあとで判断する。その際のポイントを3つ挙げておくので、その時期になったら19ページの図を参考に戦術を考えてほしい。

1つ目は、A〜Eのうち、大学によっては複数の分野を"またぐ"必要がある点だ。たとえば、難度の高い解釈力（和訳力）と英作文の"二本柱"からなる京大の場合、一般的にはBの「解釈力、和訳力の強化」、さらにAの「英作文対策」を経由してから総合問題演習へ進み、本番に備える必要がある。

2つ目は、人によっては必ずしも特別な個別対策がいらないケースが出てくる点だ。たとえば、記述式英作文が課される大学でも、《英語入試力》完成プランで身につけた「構文知識」「文法・語法知識」「語い力」だけで対応できてしまうことがある。個別対策が必要かどうかは、難易度や形式だけから即断せず、《英語入試力》を動員して「解けるか・解けないか」という面からも考慮してほしい。あえて必要のない個別対策にまで手を出すことはない。

●●● 目標得点に応じた個別対策のメニュー

最後の1つは、本番での英語の目標得点を考慮して、個別対策のメニューを組み立てるということである。たとえば、英語が得意で、本番で8割前後を狙う目標を立てている人は、個別対策を網羅的にやったあと、総合問題演習の時間も充分に確保する必要がある。

逆に、英語があまり得意ではなく、本番で6割前後を目標にするような場合は、個別対策を軽く流す程度にとどめ、たとえば仕上がりの遅れている地歴や理科にその分の時間をつぎ込むといった戦術も考えられる。

このように、個別対策をどこまで深くやるかは、本番での目標得点によっても変わってくる。得意不得意だけでなく、問題の難易度や残された時間なども考慮した上で、個別対策のメニューを考えてほしい。

Lecture2 ●《英語入試力》をつける

●●● リスニング力強化も
　　個別対策"直前"まで

　センターでもすでに導入されているリスニング試験だが、個別試験でリスニングを課す大学が以前に比べて増えた。これは、オーラルコミュニケーションを重視する文部科学省の方針を受けてのものである。

　センターのリスニング試験も年々難しくなっていて、導入初期のころは受験者の平均点が40点（50点満点）を上回っていたのが、最近では30点を割り込むようになってきている。英語の受験勉強では、リスニング対策はどうしても後手に回りがちで、リスニングが苦手な受験生が多いのも事実である。

　《英語入試力》完成プランでは、こうした事情をふまえて、リスニングに関しても「基礎の基礎」から個別対策"直前"までをカバーできるように参考書のラインナップを組んである。

　リスニング力強化の方法として、この本では徹底的な「シャドーイング」（詳細は第2章を参照）を行うが、これは速読力強化を側面からバックアップしてくれるので、効率的な対策につなげられる。

　最近はCD教材のついた良質の参考書が多くなってきたので、これらをうまく活用しながら、センターのリスニングテストで40点を超えるレベルにまで持っていくのが目標となる。このレベルに到達すると、リスニング試験が難しい一部の大学を除くと、特別な対策をせずにすむことが多い（ただし、前述したように、リスニング力強化の個別対策が必要かどうかは、実際に過去問を解いてどれくらい得点できるかを見極めた上で判断してほしい）。

　《英語入試力》完成プランでは、スタート時におけるリスニングの初期レベルを低めに設定しているが、リスニングが苦手な人にとっては、それでも厳しく感じられるかもしれない。そこでこの本では、解釈力のレベル判定とは別に、リスニングについてもスタートレベルを判定するテストを用意した。

● 《英語入試力》完成後の流れ

（基本型）

英語入試力 → 個別対策 → 総合問題演習 → 本番

（最短型）

英語入試力 → 総合問題演習 → 本番 ……… 個別対策が不要な中堅レベルの大学

（個別対策のバリエーション）

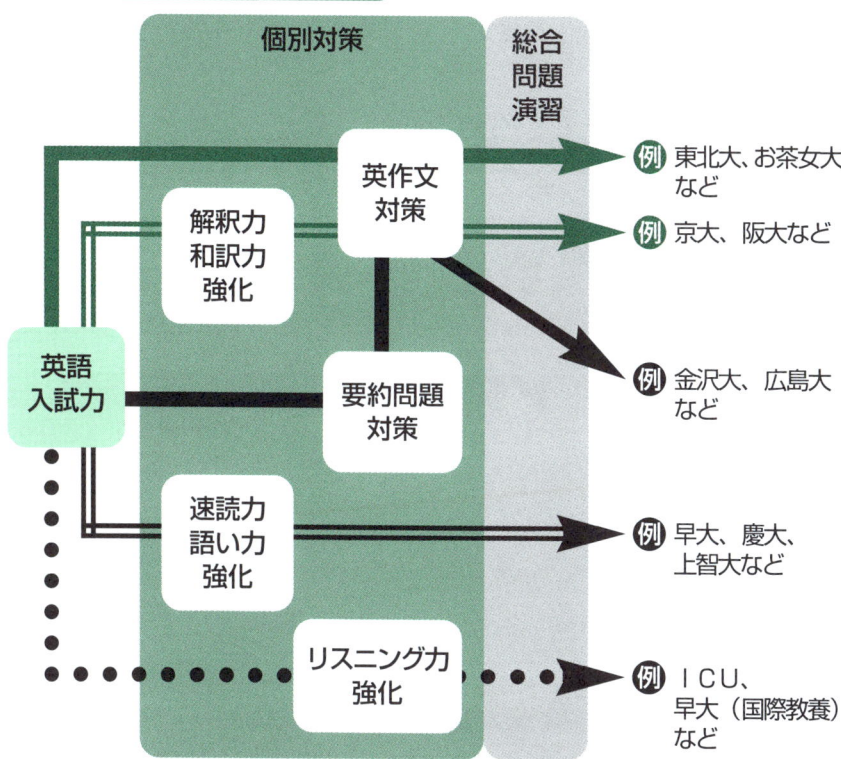

- 例 東北大、お茶女大など
- 例 京大、阪大など
- 例 金沢大、広島大など
- 例 早大、慶大、上智大など
- 例 ICU、早大（国際教養）など

《英語入試力》をつける！

和田式参考書 ラインナップによる8か月プラン

スタートレベル

基礎英文解釈の技術１００
（桐原書店）

↓

オプション

リスニング補強メニュー
p.31

必修英語長文問題精講
（旺文社）

英文解釈のトレーニング・必修編
（Ｚ会出版）

メインライン

ステージ１ 40日間		ステージ２ 80日間	
1	2	3	4

サブライン

ステージ１ 20日間	ステージ２ 100日間

ゼロからスタートシャドーイング
（Ｊリサーチ出版）

速読英単語①必修編
（Ｚ会出版）

対応ＣＤ
（Ｚ会出版、別売り）

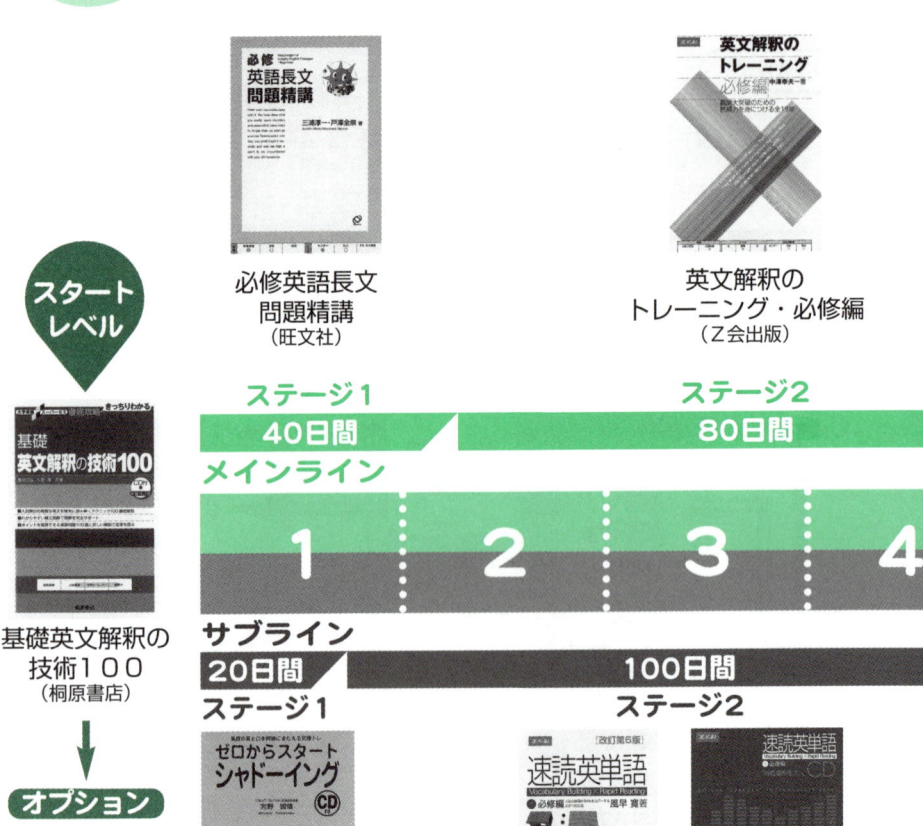

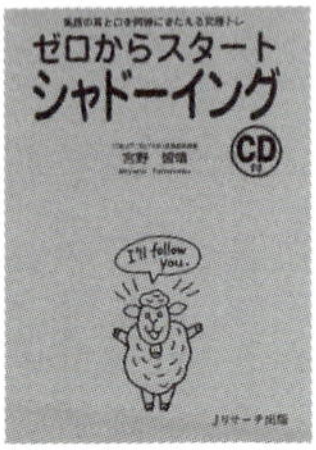

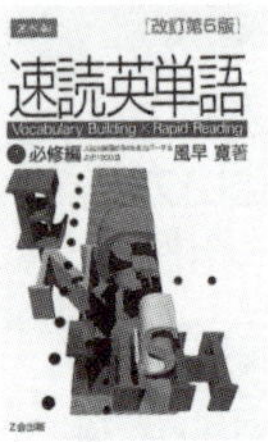

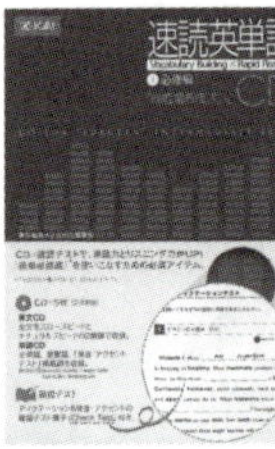

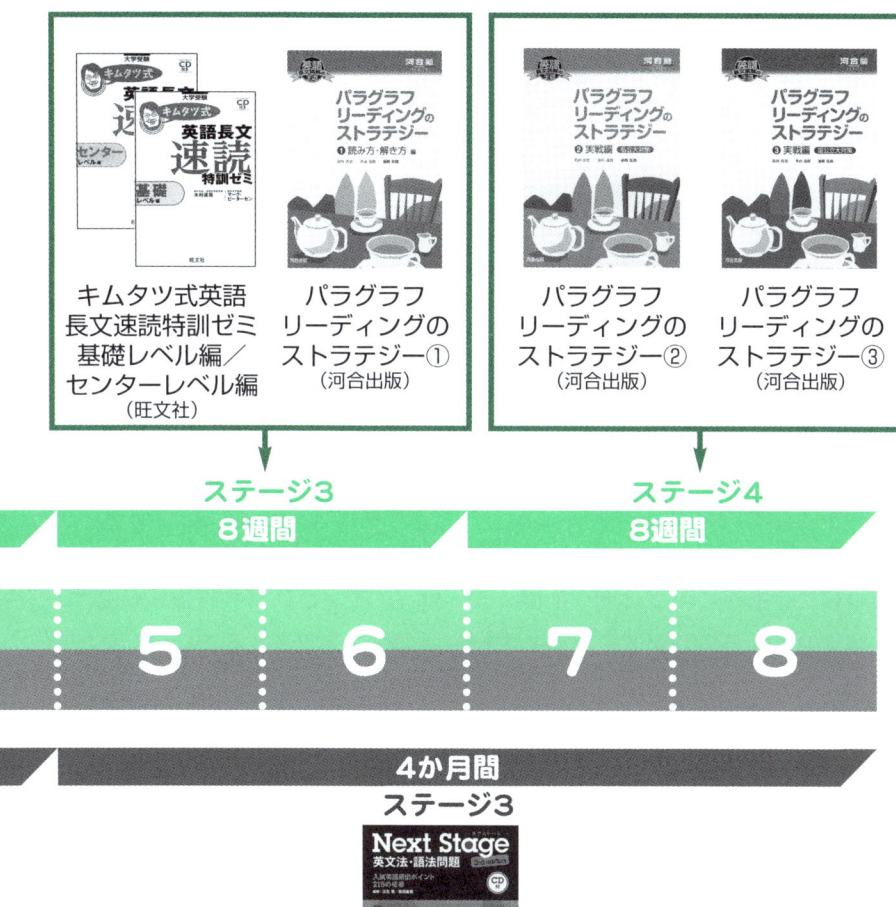

Lecture 3 参考書ラインナップ

8か月で5万語近くを読み込む《英語入試力》完成プランの全容

●●● メイン7冊、サブ3冊で構成するラインナップ

　《英語入試力》完成プランでは、合計10冊の参考書を8か月で仕上げる。使用する参考書のラインナップを20〜21ページにまとめておいた。

　「メインライン」の『必修英語長文問題精講』(旺文社)から『パラグラフリーディングのストラテジー③』(河合出版)までの7冊が、主に読解力(解釈力＋速読力)強化を狙いとしたラインナップである。

　「サブライン」では、リスニング力強化、速読力と語い力の強化、文法・語法対策などを目的とする3冊を配置している。メインとサブを合わせて読み込む英文の量は5万語近くになる。学校の授業ベースで考えるとほぼ"高校4年間分"をしのぐ内容が、8か月に凝縮されている。

●●● ラインナップの特長と参考書の役割分担

　このラインナップの特長は、それぞれの参考書のコンセプトや使用目的などがハッキリしている点にある。解説もそれほど理屈っぽくなく、的確にポイントを押さえて丁寧に説明されているので、それほど苦労せずに自学自習を進めていけるだろう。この本で提起するプランでは、各々の参考書の役割分担を明確にし、勉強法にさまざまな工夫を加えている。それによって、より取り組みやすくなり、より高い学習効果を得られるものと考えている。

●要素別に見る各ステージの役割分担

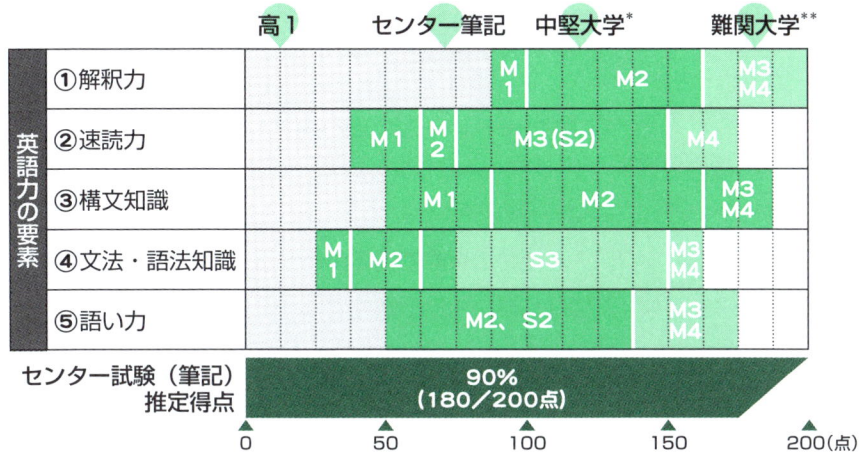

＊／＊＊ 「中堅大学」「難関大学」のレベル表示は7ページ上の図表注釈を参照。
（注）Mは「メインライン」、Sは「サブライン」の略。数字はともにステージ番号を表す。

　各ステージの「役割分担」をまとめたのが上の図表である。これは、解釈力から語い力までの5つの要素について、どのステージがどの範囲をカバーするかを示したものである。
　メインライン前半のステージ1、2（M1、M2）は、解釈力のさらなるレベルアップを目指すが、それに付随して構文知識のレベルもおのずと上がる。続く後半のステージ3、4（M3、M4）では、磨き上げた解釈力をベースに速読力強化を図り、解法のコツやテクニックも習得していく（この過程で解釈力や構文知識も一段の伸びを見せる）。全体を通して「読む」から「解く」へと力点が移っており、和田式勉強法ではメインラインの前半を「精読期」、後半を「速読・総合問題期」と呼んでいる。
　サブラインでは、前半のS2までがリスニング力と語い力の強化、後半のS3は主に文法・語法知識の拡充を目指す。ちなみに、上の図表に出てこないS1はリスニング力強化に直結する「シャドーイング」という技法を学ぶステージで、S2は速読力を側面から補強する役割も担っている。

Lecture 3 ● 参考書ラインナップ

●●●《英語入試力》完成プランのスタートレベル判定テスト

　参考書ラインナップの全容（20～21ページ）では、「スタートレベル」のところに『基礎英文解釈の技術100』（桐原書店、以下『基礎解釈100』で略）を挙げている。これは、「解釈力がセンターレベル前後に達している」ことが、本ラインナップに入るための条件であることを示すものであり、必ずこの参考書を経由しなければならないという意味ではない。

　まずは、27ページの「和田式解釈力判定テスト」を解いて、現時点での解釈力のレベルをチェックしてほしい。「合格」なら問題なくメインのステージ1に接続できる。残念ながら「不合格」の判定が出てしまった場合は、指示に従って下のレベルから積み上げ、『基礎解釈100』のレベルをクリアしてから、改めて本ラインナップに取り組んでほしい。

　サブラインの1冊目『ゼロからスタート・シャドーイング』（Jリサーチ出版、以下『ゼロシャド』で略）はリスニング力強化の1つの方法論であるシャドーイングを学ぶ"入門書"である。シャドーイングとは、耳で聴いた英語の音声を、あとから追いかけて発話する学習法で、本ラインナップではサブのステージ2、メインのステージ3で継続的に実践する。

　これをスムースに行うには、少なくとも高1初級レベルのリスニング力が必要になるが、その有無を判断するために「和田式リスニング力判定テスト」（29ページ）を用意した。ちなみに、テストを受けるにあたっては、『セレクト70英語構文』（文英堂）が必要になる。持っていない方は、大変申し訳ないが書店などで購入してほしい。

　判定の結果、「合格」ならさっそく『ゼロシャド』に入れるが、そうでない場合は、後段で説明する「リスニング補強メニュー」（31ページ）に1か月間取り組んでから、『ゼロシャド』につなげてほしい。

●●● 入試から逆算して
　　　タイムテーブルを考える

　《英語入試力》完成プランは、8か月で終えるスケジュールになっている。1日当たりの勉強時間は2時間程度（メインの参考書が90分、サブが20〜40分）を想定しているので、他の教科の勉強もさほど無理なく並行させられる。

　このプランを組み込んだ受験計画を考える際、難関大学志望者なら「個別対策に2〜3か月、総合問題演習に1か月」を確保しておきたいところだ。入試日から逆算すると、高3の10〜11月には《英語入試力》を完成させておく必要がある。以下、スタート時期別にタイムテーブルの例を挙げておくので、受験計画を立てる際の参考にしてほしい。

ケース❶ 高1の11〜1月からスタート

　東大や京大などの難関大学を志望する人でも、高2の夏までに《英語入試力》に相当する実力をつけておけば、かなり有利な戦いに持ち込める。逆算すると、高1の1学期から『絶対基礎』に沿って解釈力を伸ばし（最長7か月）、高1の11月〜1月から本プランに入るタイムテーブルである。

　このあと英語に関しては個別対策と総合問題演習をゆったりと進め、余った時間を他教科にグイグイ投入して"先行逃げ切り"を図る。私が常々提唱する"英数先行型"の理想的な受験計画である。

ケース❷ 高2の4〜6月からスタート

　まだ余裕のある高1のうちに解釈力をセンターレベル前後まで伸ばしておけば、高2の1学期から本プランに入ることが可能だ。この場合は、遅くとも年明け（高2の1月）までに《英語入試力》が完成する。入試まで「あと1年」を残した段階で英語がここまで仕上がっていれば、多少出遅れている教科

Lecture3 ● 参考書ラインナップ

があったとしても、東大や早慶などの難関大学を積極的に狙っていける。中学時代から英語が苦手な高１生が、夏休み明けから『絶対基礎』に沿って勉強を始めたとしても充分に達成可能なスケジュールである。

ケース❸ 高２の９～11月からスタート

　高２の９～11月から本プランに取り組む場合について考えてみよう。この場合、遅くとも高３の６月までに《英語入試力》を完成させられる。高２になってから受験を意識し始めた人は、このケースが参考になる。数学がそれほど苦手でなければ、これも充分に難関大学を狙える位置につけられる。

　ただ、高２の夏までにセンターレベル前後の解釈力がついていない場合、基礎レベルの精読トレーニングに３～５か月は要するだろう。ここは焦らず、じっくりと解釈力の底上げに取り組んでから本プランに入ってほしい。

ケース❹ 高３の４～６月からスタート

　高３の４～６月から本プランをスタートさせる場合、《英語入試力》の完成時期は11月～翌年１月にずれ込む。６月にスタートして翌年の１月にギリギリ間に合ったとしても、このあとの個別対策はカットし、総合問題演習を２週間程度詰め込んで本番に臨むしかない。厳しいのは事実だが、他の教科とのトータルで志望校の合格最低点をクリアできる見込みがあれば、これでもどうにかしのげる。逆転で難関大合格を狙う人は、果敢にチャレンジしてほしい。

　ただし、高３から本プランをスタートさせる場合は、個別試験で必要な他の教科の勉強も最初から並行させていくことになり、１日当たりの勉強時間は最低でも６時間は確保する必要が出てくる。体力的にも精神的にも相当きつくなることは、当然覚悟して臨んでほしい。いくら要領よく勉強しても、物理的な時間が足りなければ間に合わない。これを読んでいる高１生や高２生は、できるだけ余裕を持ってプランを完成させる計画を立ててほしい。

和田式解釈力判定テスト

● 問題 ●

Ⅰ 次の1）〜3）を英語に直せ。
　1）彼女はコーヒーを飲まない。
　2）私は昨日からずっと忙しい。
　3）東京は日本の他のどの都市よりも大きい。（than を使うこと）

Ⅱ 次の1）〜3）を日本語に直せ。
　1）The stranger had no sooner seen me than he ran away.

　2）Artists are people who constantly look for what has not been seen, felt or understood before and for ways of presenting what they find.

　3）There is no time, in all of a child's growing up, when he will not be seriously hurt if he feels that we adults are not interested in what he is trying to say.

【出典】
　Ⅰの1）・2）…『くもんの中学英文法』（くもん出版）
　Ⅰの3）・Ⅱの1）…『セレクト70英語構文』（文英堂）
　Ⅱの2）・3）…『基礎英文解釈の技術100』（桐原書店）

Lecture3 ● 参考書ラインナップ

● 解答 ●

Ⅰ 1) She doesn't drink [have] coffee.

　2) I have [I've] been busy since yesterday.

　3) Tokyo is larger than any other city in Japan.

　　　[別解] No other city in Japan is larger than Tokyo.

Ⅱ 1) その見知らぬ人物は、私を①見るとすぐに走り去った。

　2) 芸術家とは、かつて②視覚・感性・理解のいずれにおいても③経験されたことのないもの [②見たことも感じとったことも理解したことも③ないもの] を④（絶えず）探し、また⑤自分たちが発見するものを表現する技巧 [手法] を⑥絶えず追求している人たちのことである。

　3) ⑦子供が成長するあらゆる過程において、⑧我々大人たちが⑨自分の言おうとすることに関心を示してくれないと感じた場合、⑩子供はいつでもひどく傷つく。

● 判定 ●

Ⅰ ＊1) ～3) をすべて正確に書けた人はⅡの判定に従う。

　＊1) と2) のうち1つでも間違えた人は『絶対基礎』のLEVEL 1に戻る。

　＊3) だけ間違えた人は『絶対基礎』のLEVEL 2に戻る。

Ⅱ ＊下線部①～⑩のうち3つ以上でミスした（意味が取れていない、理解できていない）人は『絶対基礎』のLEVEL 3に戻る。

　ミスが2つまでなら合格！

和田式リスニング力判定テスト

● 問題 ●

『セレクト70英語構文』（文英堂）のCDトラック35（全部で3文ある）を聴き、音声を英語で書き取れ。

● 採点方法 ●

「ミスの個数」を数え、ミスした数によって「合格」か「要補強」かの判定に分かれる（30ページ）。

● 採点基準 ●

1．綴りの間違いは減点しない。ただし、
　①別の単語と勘違いしていた場合（異なる単語を想起していた場合）
　②時制変化のミスや3単現・複数形などのsを抜かした場合
についてはそれぞれ減点する（1カ所につき「ミス1個分」）。
2．語句の「書き抜かし」は減点する（1カ所につき「ミス1個分」）。

Lecture3 ● 参考書ラインナップ

● 解答 ●

72　A heavy rain will cause floods near the river.

73　The snow prevented us from arriving on time.

74　The knowledge of his presence made her feel at home.

　　　　　　　　　　　　　　　　ミスの個数→_____個

● 判定 ●

◆ミスが5個以下 ─→ 合格（サブラインのステージ1へ）
　ミスが6個以上 ─→ 要補強（「リスニング補強メニュー」に取り組んでからサブラインのステージ1へ）

●リスニング補強メニュー

聴きながら、書きながら、
英語特有の音声に慣れよう！

●使用教材

① 『ゼロからスタート・ディクテーション』
　（Jリサーチ出版）
　○略称…『ゼロディク』
　○使用期間…30日間

② 『セレクト70英語構文』（文英堂）
　○略称『セレクト70』
　○使用期間…24日間

●進行スケジュール

2冊を並行して使い、1か月で完成させてサブラインのステージ1へ

	初日・2日目	3日目～19日目	20日目～28日目	29日目・30日目
①ゼロディク	STEP 1	STEP 2・3	STEP 2・3の復習	STEP 4（修了試験）
②セレクト70		1日3項目×24日で終える		

(注) ②は3日目からスタートして28日目までに終えるようにする。

●『ゼロディク』の使い方

　ディクテーションのコツを「初歩の初歩」から習得する教材。CDから聴き取った英語の音声を文字にすることで、英語特有の聴き取りにくい音を確認していく。「音と文字」を頭の中で瞬時に一致させる"反射神経"を養うのが目的。3日目から『セレクト70』と並行させ、高2レベルまでの基本単語や典型構文の聴き取り・書き取りをできるようにする。

Lecture3 ● 参考書ラインナップ

STEP 1 ▶ 基本音声ドリル

　全13ユニットからなり、最初の２日間で集中的に取り組む（１日約90分・７ユニット×２日で終了）。１ユニットは６ページで構成され、最初の２ページは「短母音」「子音連鎖」などテーマ別の音声解説、次の２ページは単語や"連語"の穴埋めドリル、最後の２ページがドリルの解答と解説。

　最初の２ページでは、聴いた音をまねて自分でも発音して"音の記憶"を強化する。穴埋めドリルは、単語の綴りを覚えて「正確に書く」ことも意識して集中的に取り組む。間違えたところは印をつけておき、翌日復習する。

STEP 2 ▶ 「日常会話を聞き取ろう」
STEP 3 ▶ 「長文リスニングに挑戦」

　STEP２（10ユニット）は日常会話の短文、STEP３（７ユニット）は長文の中のある部分の書き取りを行う（全17ユニット）。１ユニット４ページ構成で、最初の２ページは穴埋めドリル、次の２ページにドリルの解答と解説がある。

　基本的にはCD音声を素直に聴いて書き取ればよい。多少難しい単語も出てくるが、文脈から推測して書く訓練と思って集中して取り組んでほしい。

　進行スケジュールとしては、全17ユニットを「１日20分・１ユニット」のペースで17日間でまず１回終わらせ、次の９日間は「１日20分・２ユニット」の倍速ペースで解き直しの復習をする（通算26日間）。なお、STEP２からは『セレクト70』（使用期間24日間）も並行して取り組む。

STEP 4 ▶ 「リスニング＆ディクテーション修了試験」

　STEP２とSTEP３が終わったら（『セレクト70』もほぼ同時に終える予定を組む）、STEP４の「修了試験」を解いて成果を試す。大問３つで100点満点の配点になっているが、80点以上は「合格」（サブラインのステージ１へ進む）。79点以下の場合は、できの悪いステップを集中的に復習し、翌日もう一度チャレンジする。

●『セレクト70』の使い方

　読解に必要な典型構文を網羅した参考書で、「基本例文」と「類例」を合わせた209例文の音声が付属CDに収録されている。「リスニング補強メニュー」では、この全209例文について、CDを聴きながらディクテーションを行っていく。

　前記『ゼロディク』の3日目（STEP 2）からスタートして26日以内で終わるようなスケジュールを組み、『ゼロディク』のSTEP 4「修了試験」に臨む。逆算すると、進行ペースは「1日70分・3項目分」。1項目（見開き2ページ）当たりの例文数は平均3文で、1日平均9例文として24日程度で終えられる。余った日は復習に充てる。

ディクテーションの方法　▶ 短文を丸ごと書き取る

　CD音声を聴いて、短文を丸ごと書き取っていく。できるだけ1回で書き取れるように集中して取り組むが、1回で無理なときはもう一度再生して不明箇所を埋めていく。

　答え合わせは1項目（約3例文）ずつでも3項目分（約9例文）まとめてでも、自分のやりやすいほうでかまわない。別冊「暗唱文例集」を見ながら、自分の書き取った短文を赤ペンで添削する。

　短文の意味や構造がつかめないときは、本冊の該当ページ（見開きの左ページ）に戻ってチェックする。時間があれば、その日のうちに間違えた短文についてもう一度CD音声を聴いて、正しく書き取れるようにする。時間がなければ日曜日に1週間分をまとめて復習する（間違えた短文のみ）。

第2章

実力を伸ばす！参考書の使い方

手取り足取り徹底指導！
「残す勉強」を実践して飛躍する!!

●●● この章のはじめに
「 必ず伸びる 」と信じて取り組もう！

　「何を、どう勉強すればいいのかわからない」。多くの高校生、受験生が抱えている問題であり悩みである。

　「何を」に関しては、すでに第１章で具体的に提起した。それが《英語入試力》完成プランである。残るは「どう勉強するか」だが、第２章ではこの問題を徹底的に掘り下げ、誰でも実行可能で明快な指針を提供したい。

　まずは、次ページの「使用参考書とスケジュール」を確認してほしい。これからキミたちが使う参考書と使用順序を示したものである。参考書名は略称で記載しているが、それぞれの正式名称を38ページにまとめておいた。

　参考書は、あくまでも実力をつけるための"道具"にすぎない。優れた道具を持っていても、うまく使えなければ宝の持ち腐れである。この章では《英語入試力》完成プランで使用する"10の道具"について、それぞれの特徴や目的に合った使い方、もっとも効果の上がる使い方を懇切丁寧に指導する。

　このように、「何を、どう勉強するか」という２つの問題は、この本で明確な解決法を示すので安心してほしい。ただし、もう１つ、これはキミたち自身の問題として、「勉強に向かう姿勢」が問われてくる。

　「やる気がない」のはもちろん論外。「やる気はあるけど不安、自信が持てない」。これは結果が出ていない現時点では、仕方がないことだろう。ただ、不安な状態で勉強を続けるのは精神衛生上よくないし、勉強効率を落とす要因にもなりかねない。ここで必要なのは、「必ず伸びる！」「このやり方なら必ず結果が出る！」と信じて勉強に取り組む姿勢である。逆に言うと、今までキミたちは、その姿勢で勉強してこなかったから、思うような結果が出せなかったとも考えられるのだ。しかし、これからは違う。違うということを、キミ自身が結果を出すことで証明してほしい。

●《英語入試力》完成プラン・使用参考書とスケジュール

	メインライン		サブライン	
	使用参考書（略称）	使用期間	使用参考書（略称）	使用期間
精読期4か月	ステージ1 M1『必長精』	1か月	ステージ1『ゼロシャド』	20日間
精読期4か月		復習（10日）	ステージ2『速単必』	3か月＋10日
精読期4か月	ステージ2 M2『解トレ必』	2か月	ステージ2『速単必』	3か月＋10日
精読期4か月		復習（20日）	ステージ2『速単必』	3か月＋10日
速読＋総合問題期4か月	ステージ3『速特基』『速特セン』『パラスト①』	2か月	ステージ3『ネクステ』＋『速単必』復習	4か月（復習）
速読＋総合問題期4か月	ステージ4『パラスト②』『パラスト③』	2か月	ステージ3『ネクステ』＋『速単必』復習	4か月（復習）

（注）参考書名は略称で表記。正式名称は38ページに掲載

●使用参考書一覧（正式名称）

	メインライン	略称
ステージ1	必修英語長文問題精講（旺文社）	必長精
ステージ2	英文解釈のトレーニング・必修編（Z会出版）	解トレ必
ステージ3	キムタツ式英語長文速読特訓ゼミ 基礎レベル編（旺文社）	速特基
ステージ3	キムタツ式英語長文速読特訓ゼミ センターレベル編（旺文社）	速特セン
ステージ4	パラグラフリーディングの ストラテジー①（河合出版）	パラスト①
ステージ4	パラグラフリーディングの ストラテジー②（河合出版）	パラスト②
ステージ4	パラグラフリーディングの ストラテジー③（河合出版）	パラスト③

	サブライン	略称
ステージ1	ゼロからスタート・シャドーイング（Jリサーチ出版）	ゼロシャド
ステージ2	速読英単語①必修編（Z会出版）	速単必
ステージ2	速読英単語①必修編対応CD（Z会出版）	速単必
ステージ3	Next Stage 英文法・語法問題（桐原書店）	ネクステ

和田式●英語入試力●完成プラン

メインライン
ステージ 1〜4
解釈力・速読力強化から総合問題演習まで

難関大レベルの長文問題を
確実に「解き切る」力を伸ばす！

メイン ステージ 1

必修英語長文問題精講（旺文社）　略称『必長精』

長文への"慣れ"を強化する！

基本データ

強化POINT ● 解釈力の確認と定着
ボリューム ● 25長文（演習問題20、実戦問題5）
長文の語数 ● 約6,500語（1長文150〜450words）
使用期間 ● 40日間（総復習込み）

この本を使う目的

"長文慣れ"をつくる ファーストステップ！

　"長文への慣れ"をつくるのが最大の目的である。あわせて解釈力（構文把握力）の確認と定着を行う。設問がついているので"問題慣れ"をつくるという側面もあるが、あくまでも長文の"読み慣れ"をつくるのがメインの目的と考えて、しっかり取り組んでほしい。

　『基礎英文解釈の技術100』（桐原書店、以下『基礎解釈100』で略）から接続するとバランスがよい。『基礎解釈100』は英文も解説も"硬め"で語句レベルもそれなりに高いが、『必長精』はその手の硬さがなく、英文のレベルは"センター手前"くらいに集中しているので取っつきやすい。

　"長文慣れ"をつくる最初のステップでは、英文レベルや語句レベルをちょっと落としたほうがスムースに勉強が進む。この段階では、ゴリゴリ全訳する必要はない。「和訳を書かない精読」をしながら、適宜、基本的な文法・構文知識をチェックしていく。新たなことを習得するというよりも、「長文への慣れ」と「解釈力の確認」がメインになる。

イチオシPOINT　手ごろな長さの英文で、文構造の把握も容易！

　収録されている英文は「短すぎず長すぎず」で、語句的にもそれほど難しくない。このため、読解に必要な文法・構文知識をひと通りインプットしたあと、初めて長文に取り組む人には非常に使いやすい。

　すべての英文の構造（主語、述語動詞、目的語など）が記号を用いて簡明に示されているので、「読み込み期」の初期〜中期における「精読を続けながら長文に慣れる勉強」を効率化してくれる。

使い方ダイジェスト　文の意味・構造を取ったあとはひたすら読み込んでいく！

　別冊「TEXT」で問題演習をしたあと、本冊の「英文の全容を確認しよう」（構造、全文訳、語句）で念入りに本文のチェックをしてから設問の答え合わせを行う。そのあと、解釈や構文知識のポイントをまとめた「英文読解に欠かせない知識を確認しよう」を読んで「Point」を頭に入れ、最後に「知識を定着させよう」の演習問題で確認する。

　本冊の構文解説は、『基礎解釈100』でやったような「読み方」ができる人なら充分に理解可能であろう。「Point」に出てくる文法解説は細かすぎず適度な分量で"重く"はない。ここをしっかり覚えよう。

　「問題を解く」ことや「答えが合っているかどうか」はそれほど気にしなくてもよい。それより、「英文の構造を正確に把握できているか」に力点を置いて解説を読むことが大切だ。あとは英文をひたすら通読して、「長文慣れ」をつくることが重要である。構文知識のチェックは主に「知識を定着させよう」の並べ替え問題で行う。

ひと目で分かる！『必長精』の使い方

●ねらい●●●

"長文慣れ"の強化と基礎解釈力のチェック

●達成目標●●●

①全25長文を疑問点がなくなるまで読み込む
②「英文読解に欠かせない知識を確認しよう」の全45Point を覚える

●進行ペース●●●

40日間（総復習込み）
①全25長文を1か月（1週間で6長文）
　・**平日（月～土）**…1日1題×6日間（6題）
　・**週末（土日）**……1週間分（6題分）の復習
②総復習（10日間）

●勉強時間の目安●●●

月～土…1日90分（土は復習に25分追加）
日曜日…50分（復習）

● 1週間のスケジュール●●●

月	火	水	木	金	土	日
1コマ90分×6日（6題）						50分＊復習
					25分＊復習	

＊土曜日は2題分の復習、日曜日は4題分の復習

● **勉強法フローチャート** ● ● ●

月〜土

STEP ❶ 設問に目を通してから、英文を読んで設問に答える　▶▶ p. 45

STEP ❷ もう一度最初から英文をじっくり読む　▶▶ p. 46

STEP ❸ 「英文の全容を確認しよう」を見て、
一文ずつ文構造と意味（和訳）を理解する　▶▶ p. 47

STEP ❹ 不明点がなくなったら、英文を3回くり返して読む　▶▶ p. 48

STEP ❺ 設問の解答解説を先に見て、手早く答え合わせをする　▶▶ p. 48

STEP ❻ 「英文読解に欠かせない知識を確認しよう」を熟読して、
「知識を定着させよう」の並べ替え問題を解く　▶▶ p. 49

STEP ❼ 文の切れ目を意識して、英文を5回読み込む　▶▶ p. 50

＊**STEP1〜STEP7**：1題分の勉強（約90分）

土日の復習
英文の通読をメインに、忘れたことをチェックする　▶▶ p. 51

総復習
最後の10日間は総復習、2周目の解き直しに入る　▶▶ p. 51

和田式 "手取り足取り" 解説　必修英語長文問題精講

始める前の注意点

1. 別冊「TEXT」の英文をコピーする

　勉強を始めるにあたって、別冊「TEXT」の演習問題・実戦問題（設問も含む）を1部ずつ、全25題分コピーしておく。最初に問題を解くときはコピーした英文を使う。別冊の英文（書き込みをしていない）は、最後に英文を通読（速読）するときや土日の復習の際に使用する。

2.「C」レベルの問題はあとに回しても可

　別冊の目次部分では、問題の難易度がA～Cの3段階で分類されている（右参照）。

　Cはセンター試験を超えるレベルであるが、そこまで難しい印象は受けない。とはいえ、英文の内容や語いレベルの点で"小難しさ"を感じる可能性もある。

2	ベッドごとひこぶ火	A	6
3	リンカーンと負傷した兵士	A	… 8
4	アメリカン・ドリーム	A	… 10
5	英語圏の人々の意識	B	… 12
6	沖縄の長寿の秘訣	B	… 14
7	日本人のコミュニケーション	B	… 16
8	電車に乗ることの問題点	B	… 18
9	キャッシュレス社会	B	… 20
10	砂漠化の原因と対策	C	… 22
11	日米の教育の比較	B	… 24
12	アメリカ人と野生動物	B	… 26
13	外国人からみた日本の敬語	C	… 28
14	愛煙家が取るべき行動	B	… 30
15	アメリカの食生活の変化	B	… 32

　C問題で時間を取りすぎてスケジュールが遅れたり、モチベーションが下がったりするのは明らかにマイナスである。そこで、A・B問題を順にひと通り解いたあとでC問題に取り組むとよい。B問題で四苦八苦した場合は、C問題に手をつけず、いったん次の『英文解釈のトレーニング・必修編』に進み、そのあと戻ってきてC問題を片づけてもよい。

いざ勉強をスタート！

STEP ❶ 設問に目を通してから、英文を読んで設問に答える　所要時間 ⏳15～40分

コピーした演習問題・実戦問題を使って「普通」に解けばよいが、英文を読む前に設問にざっと目を通しておく。これは「どんな内容の英文で、どういうことが問われているかがわかれば儲け物」くらいの感覚でかまわない。

問題文を読むときは、辞書を使わずに自力で読む。意味不明な語句や構造がよくわからない文には印をつけておく。設問の答えはコピーしたものに直接書き込んでもよいが、和訳や記述問題でスペースが足りなければ別途ノートを用意してそちらに書き込む。

POINT ● 「目標時間＋5分」を制限時間に！

各問題では「目標時間」が設定されているが、"読み慣れ"や"解き慣れ"が充分ではないことを考えると、記載されているよりも少し時間をかけてよい。ただし、「少々わからない部分があっても止まらず読み進める」ことも重要なので、「目標時間＋5分」をリミットとしておく。

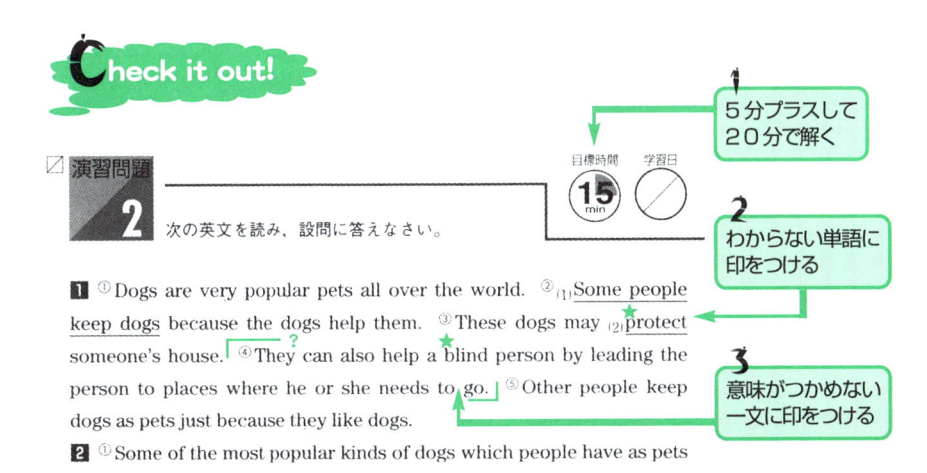

Check it out!

☑ 演習問題 **2** 次の英文を読み、設問に答えなさい。

目標時間 **15** min

1 → 5分プラスして20分で解く

1 ①Dogs are very popular pets all over the world. ②(1)<u>Some people keep dogs</u> because the dogs help them. ③These dogs may (2)<u>protect</u> someone's house. ④They can also help a blind person by leading the person to places where he or she needs to go. ⑤Other people keep dogs as pets just because they like dogs.

2 ①Some of the most popular kinds of dogs which people have as pets

2 → わからない単語に印をつける

3 → 意味がつかめない一文に印をつける

STEP ❷ もう一度最初から英文をじっくり読む　所要時間 20分

　問題を解いたら、すぐに解答解説を見るのではなく、今読んだ英文とじっくり向き合って精読する。全訳するわけではないが、この段階では正確性を重視し、一文ずつ丁寧に文構造や意味を考え、確認していく。

POINT ● **構造が不明な文は「書き込み＋和訳」を！**

　わからない語句は辞書で調べるか、本冊の「語句」を見て確認する。STEP 1でマークした文のうち、語句の意味を知らないだけで理解できなかった文は、辞書を引くことで解決できる。しかし、構造がよくわからない文は自分なりにその部分の構造を書き込んで、和訳をノートに書いてみる。

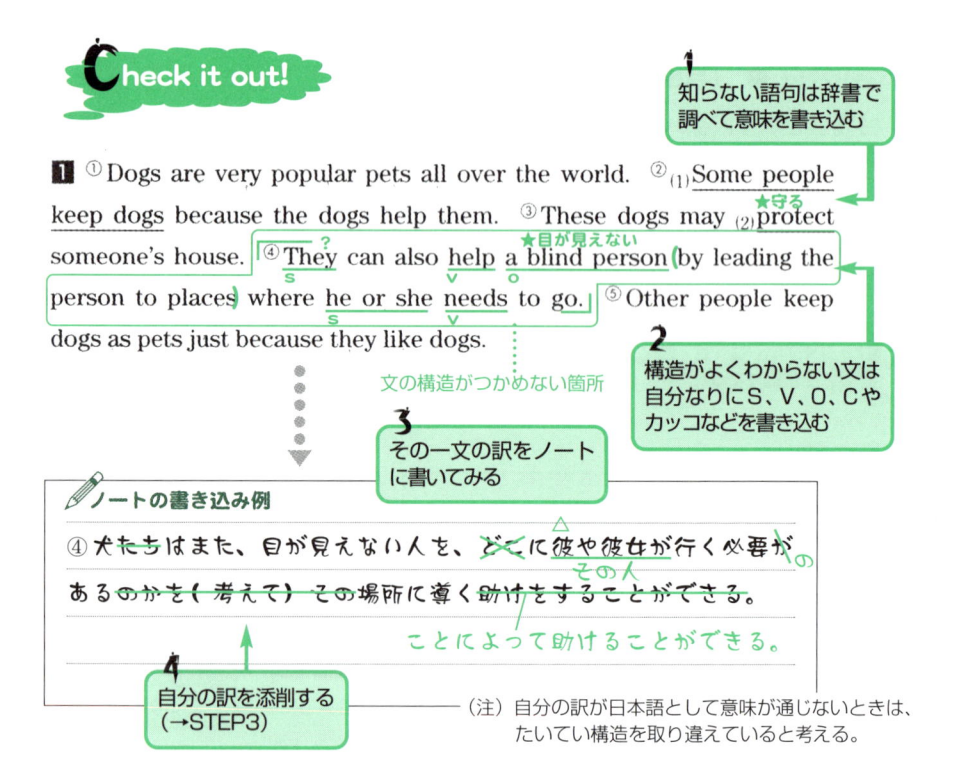

Check it out!

1 ① Dogs are very popular pets all over the world. ②(1)Some people keep dogs because the dogs help them. ③ These dogs may (2)protect someone's house. ④ They can also help a blind person (by leading the person to places) where he or she needs to go. ⑤ Other people keep dogs as pets just because they like dogs.

★守る
★目が見えない

> 1　知らない語句は辞書で調べて意味を書き込む
>
> 2　構造がよくわからない文は自分なりにS、V、O、Cやカッコなどを書き込む
>
> 3　その一文の訳をノートに書いてみる　（文の構造がつかめない箇所）

📝ノートの書き込み例

④ 犬たちはまた、目が見えない人を、どこに彼や彼女が行く必要があるのかを（考えて）その場所に導く助けをすることができる。
　　　　　　　　　　　　　その人
　　　　　　　　　　　ことによって助けることができる。

> 4　自分の訳を添削する（→STEP3）
>
> （注）自分の訳が日本語として意味が通じないときは、たいてい構造を取り違えていると考える。

STEP ③ 「英文の全容を確認しよう」を見て、
一文ずつ文構造と意味（和訳）を理解する　　所要時間 ⏳15分

　解答検討では「本文の精読の答え合わせ」を優先させる。STEP2で文構造や意味がよくわからず和訳を書き出した文を中心にチェックし、ノートに書いた訳を自分で添削する。

POINT ● **自信があっても文構造と全文訳はチェック！**

　意味や構造が取れていると自信がある文でも、構造記号と全文訳を見てひと通り照合する。大丈夫だと自分が思い込んでいるだけで実は理解が誤っている可能性もあるし、何となく意味が取れていても構造が理解できずに「たまたま近かっただけ」ということもあるからだ。構造を取り違えていた文には正しい構造を書き加え、頭の中で訳せるようにする。

Check it out!

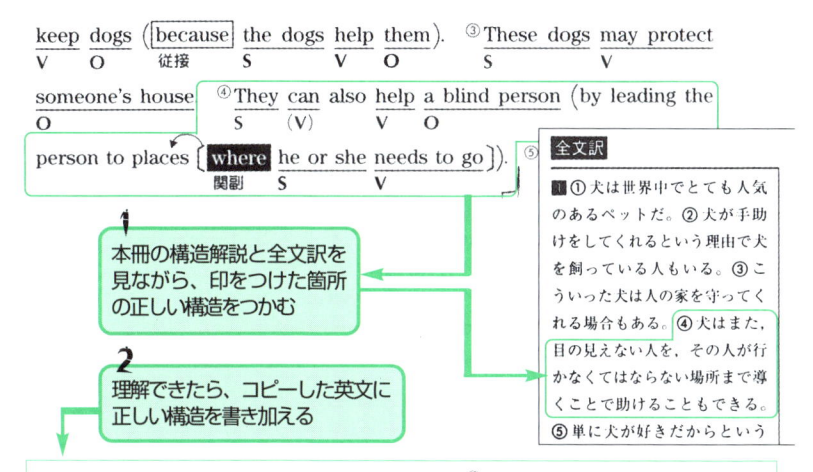

keep dogs ([because] the dogs help them). ③These dogs may protect
　V　　O　　　従接　　　S　　　V　　O　　　　S　　　　　V
someone's house. ④They can also help a blind person (by leading the
　　O　　　　　　　S　　　(V)　　V　　　O
person to places [where he or she needs to go]).
　　　　　　　　関副　S　　　　V

⑤ 全文訳

■①犬は世界中でとても人気のあるペットだ。②犬が手助けをしてくれるという理由で犬を飼っている人もいる。③こういった犬は人の家を守ってくれる場合もある。④犬はまた、目の見えない人を、その人が行かなくてはならない場所まで導くことで助けることもできる。⑤単に犬が好きだからという

1 本冊の構造解説と全文訳を見ながら、印をつけた箇所の正しい構造をつかむ

2 理解できたら、コピーした英文に正しい構造を書き加える

keep dogs because the dogs help them. ③These dogs may ₍₂₎protect
someone's house. ④They can also help a blind person by leading the
　　　　　　　　　　　　　(v)　　v　　　o
person to places [where he or she needs to go.] ⑤Other people keep
　　　　　　　　　　　　　 S　　　　V

実力を伸ばす❗『必長精』の使い方　47

STEP ❹ 不明点がなくなったら、英文を3回くり返して読む　　所要時間 10〜15分

　STEP 3のあとは、英文を3回通読する。このときはマーキングや書き込みの入ったコピーのほうを読めばよい。1回目は、どこで間違えたのか、正しい理解はどうであったのかを確認しながら丁寧に読む。2回目、3回目は、意味を取りながらゆっくりでも視線を動かし続け、あまり立ち止まらずに読み進めることを意識しよう。

STEP ❺ 設問の解答解説を先に見て、手早く答え合わせをする　　所要時間 5分

　参考書の順番でいくと、次は「英文読解に欠かせない知識を確認しよう」だが、ここを飛ばして「設問の解答・解説」を見る。この部分の解説は簡素なので、解説だけ読んでもわかりにくい。そこで、問題のコピーを脇に置き、その都度英文と見比べながら解答検討をして、効率よく答え合わせをする。

Check it out!

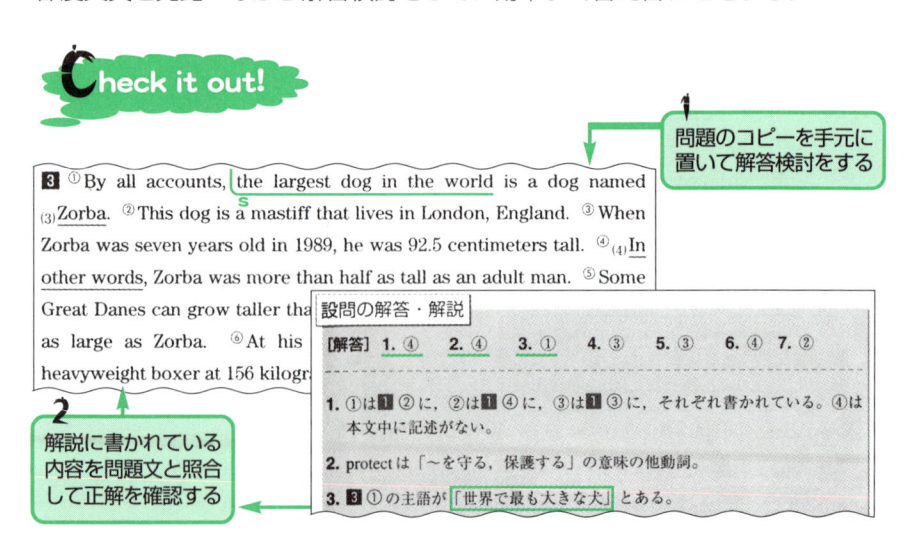

❶ 問題のコピーを手元に置いて解答検討をする

③ ①By all accounts, the largest dog in the world is a dog named (3)Zorba. ②This dog is a mastiff that lives in London, England. ③When Zorba was seven years old in 1989, he was 92.5 centimeters tall. ④(4)In other words, Zorba was more than half as tall as an adult man. ⑤Some Great Danes can grow taller tha... as large as Zorba. ⑥At his... heavyweight boxer at 156 kilogr...

❷ 解説に書かれている内容を問題文と照合して正解を確認する

設問の解答・解説

[解答] 1. ④　2. ④　3. ①　4. ③　5. ③　6. ④　7. ②

1. ①は③①②に，②は③①④に，③は③①③に，それぞれ書かれている。④は本文中に記述がない。
2. protect は「〜を守る，保護する」の意味の他動詞。
3. ③①の主語が「世界で最も大きな犬」とある。

STEP ❻ 「英文読解に欠かせない知識を確認しよう」を熟読して、「知識を定着させよう」の並べ替え問題を解く

所要時間 ⏳ 10分

「英文読解に欠かせない知識を確認しよう」の解説を読んで文法知識の整理をする。そのあと「知識を定着させよう」の「並べ替え問題」（２問）を解いて理解の確認と定着を図る。余力があれば和訳問題を解いてもよいが、まずは並べ替え問題を確実に解けるようにすることが優先課題となる。

POINT ● 手を動かして理解、口に出して確認！

このステップでは、"手と口を動かす"ことを実践しよう。解説を読むときは、例文と照合しながら適宜書き込みを加えて理解する。並べ替え問題も、解答の一文を紙に書いて照合する。ひと通り終えたら「ここでは何を学んだか」を口に出して説明してみる。うまく説明できないときは、理解が足りない証拠なので、もう一度しっかりと解説を読み込む。

Check it out!

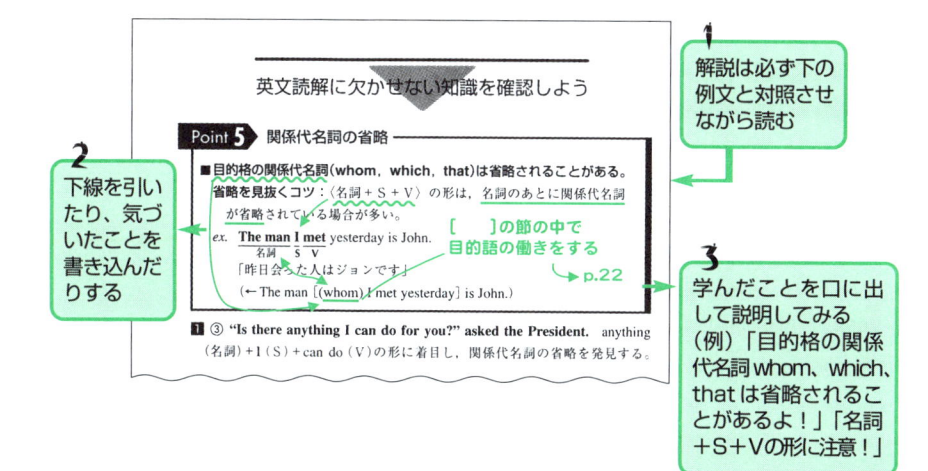

英文読解に欠かせない知識を確認しよう

Point 5　関係代名詞の省略

■目的格の関係代名詞（whom, which, that）は省略されることがある。
省略を見抜くコツ：〈名詞＋S＋V〉の形は、名詞のあとに関係代名詞が省略されている場合が多い。

ex. The man I met yesterday is John.
　　名詞　S V
「昨日会った人はジョンです」
（← The man (whom) I met yesterday is John.）

［　］の節の中で目的語の働きをする
→ p.22

1 ③ "Is there anything I can do for you?" asked the President.　anything（名詞）＋I（S）＋can do（V）の形に着目し、関係代名詞の省略を発見する。

1 解説は必ず下の例文と対照させながら読む

2 下線を引いたり、気づいたことを書き込んだりする

3 学んだことを口に出して説明してみる
（例）「目的格の関係代名詞 whom、which、that は省略されることがあるよ！」「名詞＋S＋V の形に注意！」

STEP ❼ 文の切れ目を意識して、英文を 5 回読み込む　　所要時間 ⏳10〜15分

　最後に、書き込みのない別冊を使って英文を 5 回通読する。最初は文の意味がすっと頭に浮かぶかを確認しながら読む。2 回目以降は、文の切れ目を意識して、区切りごとにまとめて読むイメージで通読する。構造がすべてわかっている英文なので、どの英文も 1 回 2 〜 3 分程度で読むことを目標にする。

POINT ● "数語のカタマリ"で文を切って読む

　英文の"切り方"に厳格な決まりはないが、たとえば「接続詞まで／そのうしろ」「前置詞／名詞」で区切ると意味が取れなくなる。英文を読む際、切れ目が入りそうなのは、

　A．主語と（述語）動詞の間
　B．関係詞や接続詞の前までと、そこからあと
　C．前置詞の前までと、そこからあと（前置詞＋名詞）
　D．主語＋動詞と、続く目的語＋補語

などである。とりあえずは「5 語前後で、ひとつ〜ふたつの品詞や働き（目的語、修飾語など）を構成するまとまり」と考えておけばよい。

Check it out!

> 書き込みのない別冊を使う

1 ①Dogs are very popular pets／all over the world.　②(1)Some people keep dogs／because the dogs help them.　③These dogs may (2)protect someone's house.　④They can also help a blind person／by leading the person to places／where he or she needs to go.　⑤Other people keep dogs／as pets／just because they like dogs.

> 緑色のスラッシュ（／）は文の区切りの一例。書き込む必要はないが、切れ目を意識して読むように心がける

土日の復習

英文の通読をメインに、忘れたことをチェックする　　所要時間 1題10〜15分

　月曜日から土曜日までにやった1週間分・計6長文は、土日の2日間で復習する。「土曜日2題、日曜日4題」を基本に、1題あたり10〜15分の復習時間を見積もっておく。復習方法は英文の通読がメインで、書き込みのない別冊を使用する。

　1回目の通読では、不明語句や意味が取れない文がないかを丁寧にチェックし、忘れていることがあったら本冊の解説に戻って確認する。そのあとは、STEP 7で示したようなやり方で文を区切って読む。最低3回の通読のあと、「英文読解に欠かせない知識を確認しよう」も復習しておく。

総復習

最後の10日間は総復習、2周目の解き直しに入る　　所要時間 60〜90分

　1か月で全25題を終えたら、残りの10日間を総復習期間に充てる。ここでは書き込みのない別冊を使って「普通にテストを解く」感覚で取り組む。具体的には、「英文を読んで問題を解く→解答検討→Point（文法解説）の熟読→並べ替え問題の解き直し」のサイクルで1日2〜3題のペースで進める。所要時間は1題当たり20〜30分を目安にする。

　不明な語句や意味（構造）の取れない文はないはずだが、それでも忘れていることがあれば、「英文の全容を確認しよう」のページと照合しながら念入りにチェックして覚え直す。最終的には、どの英文も「疑問点がまったくない」ようにする。さらに、45の「Point」の内容を完全に理解して覚えた上で、次のステージ2に進んでほしい。

メイン ステージ 2

英文解釈のトレーニング・必修編（Z会出版）　略称『解トレ必』

解釈の精度を高める！

基本データ

強化POINT● 難関大に対応する解釈力の養成

ボリューム● 全19章（確認問題212、演習問題85）

長文の語数● 約6,500語（1長文50〜150words）

使用期間 ● 80日間（総復習込み）

この本を使う目的

難関大学レベルで要求される知識と"考え方"を習得！

　全19章は文法項目別の章立てで、いずれもひと通りは学習済みのはずだ。しかし、中堅〜難関大学レベルの英文を正確かつ澱みなく読めるようにするには、解釈の精度をもう一段上げなければならない。たとえば、

> 　A modern racehorse is no more likely to lose its life on a particular day than a wild zebra.
> （注）　modern racehorse 「現代の競走馬」
> 　　　 likely to lose its life on a particular day
> 　　　 「ある特定の日に死ぬであろう」

という英文を、有名な"クジラの公式"（A whale is no more a fish than a horse is.「馬が魚でないのと同様に鯨も魚ではない」）に当てはめて、「ある特定の日に野性のシマウマが死なないであろうように、現代の競走馬も死なないであろう」と訳すのは間違いである。正しく訳すには、構造と文意の両方

に即した訳出の"考え方"を習得する必要がある（同書 p. 78〜80を参照）。

『解トレ必』では、文法・構文の基本知識を再確認しながら、解釈のベースとなる細かい知識を肉付けしていく。センターレベルを超え、難関大レベルまで広く対応できる「揺るぎない解釈力」を養うのが最大の目的だ。

イチオシPOINT　どの大学にも対応できる高い網羅性と汎用性を誇る

収録されている英文は、センター試験や短大レベルを下限に、上は私立大学・国公立大学２次のレベルまで幅広い。解釈に必要な文法・構文知識が網羅されていて、１冊きっちり仕上げれば、難関大も含めほとんどの大学の読解問題に対応できる。

知識の網羅性は高いが、マニアックな領域にはあまり入り込まない。"曖昧な理解"を解消しながら、解釈の精度を段階的に上げていく構成が光る。

使い方ダイジェスト　「講義編」に軸足を置き、演習で知識の定着を図る

「講義編」「問題編」「解答編」の３つのセクションからなる。最終的には「講義編」に出てくる内容を理解し、必要な知識を確実に暗記することが目標となる。推奨する使い方としては、「講義編」と「問題編・確認」のセットで文法・構文の基本知識を念入りに確認し（前期６週間）、「問題編・演習」を集中的に解いて知識の適用トレーニングを行う（後期19日間）。そのあと、「講義編」と「問題編・演習」をセットにして知識の総チェックを行う（総復習19日間）。あくまでも「講義編」に軸足を置き、下線部を訳しながら知識の定着を図っていく。

ひと目で分かる！『解トレ必』の使い方

●ねらい●●●

ハイレベルな解釈に必要な文法・構文知識の総整理

●達成目標●●●

①「講義編」の例文の青字部分を正確に解釈できるようにする
②「問題編・演習」の英文を澱みなく読めるようにする

●進行ペース●●●

80日間（総復習込み）
①「講義編」と「問題編・確認」《前期6週間》
　・月～土…6日で3章分
　・日曜日…6日分の復習
②「問題編・演習」の下線部訳《後期19日間》
③「講義編」の再読と「問題編・演習」の下線部訳《総復習19日間》

●勉強時間の目安●●●

月～土…1日90分
日曜日…復習に90分を確保

●全体スケジュール（80日間）●●●

前期6週間	後期19日間	総復習19日間
1週間で3章（2日で1章）ペース（ただし、1週目は6日で4章）↓ 6週間で19章	1日1章分 ↓ 19日間で19章	1日1章分 ↓ 19日間で19章

●勉強法フローチャート●●●

前期6週間

STEP ❶ 「講義編」を2回通して読む（1日目） ▶▶ p. 57

STEP ❷ 「問題編・確認」を和訳して
解答検討をする（2日目前半） ▶▶ p. 59

STEP ❸ 「講義編」を再読して
知識の整理をする（2日目後半） ▶▶ p. 62

日曜日の復習

　　　　「講義編」の例文を頭の中で訳していく ▶▶ p. 62

後期19日間

STEP ❹ 「問題編・演習」の下線部をノートに訳す ▶▶ p. 63

STEP ❺ 「解答編」を読んで自分の訳を検討する ▶▶ p. 64

総復習19日間

STEP ❻ 「講義編」を読んで知識を再整理する ▶▶ p. 66

STEP ❼ 「問題編・演習」を頭の中で和訳する ▶▶ p. 66

和田式 "手取り足取り" 解説　●●● 英文解釈のトレーニング・必修編 ●●●

始める前の注意点

1. 参考書の構成と役割を把握！

　本冊が「講義編」「解答編」で、別冊「問題編」は各章とも「確認」（1行英文が9〜13題）と「演習」（50〜150wordsの英文が4〜5題）がセットになっている。勉強のメインとなるのは「講義編」の理解と暗記で、「問題編」と「解答編」は、理解したことを確実に定着させるために活用する。参考書の構成要素と役割をしっかり把握してから取り組んでほしい。

2. 自作の単語帳で語句を整理する

　『解トレ必』に出てくる語句（単語・熟語）のレベルはセンター試験〜難関大学まで幅広く、覚えておいて損のないものばかりである。約2か月半じっくり取り組む参考書なので、ここは語い力アップも兼ねて単語ノートをつくることをすすめる。「講義編」の例文や「問題編」に出てくる語句のうち、知らない語句や辞書で調べた単語などは、小さめのノート（B6判）に綴りと意味、品詞を書き留めておき、空き時間などを利用してマメにチェックしよう。

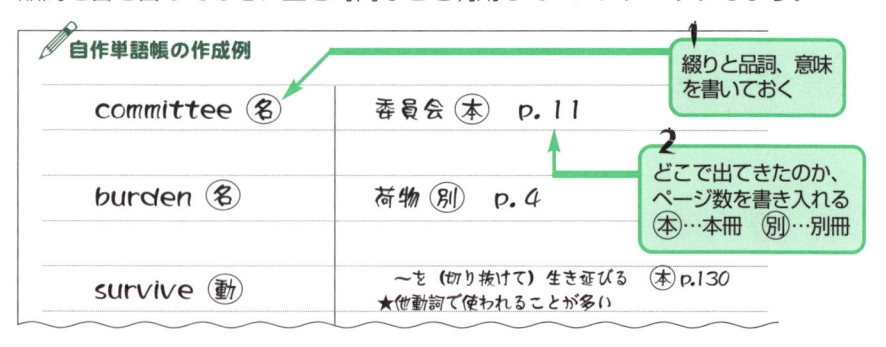

✎ 自作単語帳の作成例

committee 名	委員会 本 p.11	
burden 名	荷物 別 p.4	
survive 動	〜を（切り抜けて）生き延びる 本 p.130 ★他動詞で使われることが多い	

1. 綴りと品詞、意味を書いておく
2. どこで出てきたのか、ページ数を書き入れる
　本…本冊　別…別冊

いざ勉強をスタート！

《前期6週間》

STEP ❶ 「講義編」を 2回通して読む（1日目）　　所要時間 ⏳ 90分

1日目は「講義編」の1章分を読んで理解することに集中する（ただし、1～4章は分量が少なめなので、1日目に2章分をまとめて読む。62ページ参照）。1回目に読むときは、細かいところはあまり気にせず最後までざっと読み通す（約20分）。2回目は、細かいところも含め、充分な理解が得られるまで読み込み、青字を含む例文を正しく訳せるようにする（約70分）。

POINT 1 ● 1回目は「知らないこと」をチェック！

1回目の読みでは、「知っていること」と「知らないこと」をチェックするのが目的でもある。そこで、「知らなかったこと」「曖昧になっていること」「意味がよくわからない説明」に印をつけながら読み進めていこう。

Check it out!

34　講義編

1は，前の節に示したように，**非制限用法の譲歩**として和訳したものです。2は関係詞節を先に訳し，先行詞にかけたもので，**制限用法**のような和訳になっています。もし，1の英文が n のようならば，みなさんは2の和訳に納得することでしょう。　　?

n. *My father who is well over seventy still works actively as a doctor.

n の例文の（?）は「非文法的」つまり，正しくない英文を表すときに使用します。

ところが n の英文は通常あり得ない英文です。これが正しい英文とすると，**who** is well over seventy が 制限用法 として My father を限定しますから，?　私には複数の父親がいることを前提に，話を「70歳を優に過ぎている父親」に限定している，ということになります。父親は何人もいませんから，こういう英文は通常ありえません。　　?

---

① 知らないことや意味がよくわからない箇所に「?」の印をつける

② 例文は必ず読む

③ 1回目はあまり深く考え込まない

POINT 2● 2回目は"納得感"が得られるまで精読

「講義編」は、ある構文について解説したあと、例文で解説の内容を確認する形式になっている。2回目は、印のついた箇所を中心に、「なるほど」「そうだったのか！」といった納得感が得られるまで、解説と例文を読み込んでほしい。ときには前のページに戻って読まなければならないこともあるが、面倒くさがらずに確認しながら進める。「新たに知ったこと」「大切だと思った箇所」には下線を引き、ひと通り理解できたらもう一度ざっと読み通す。

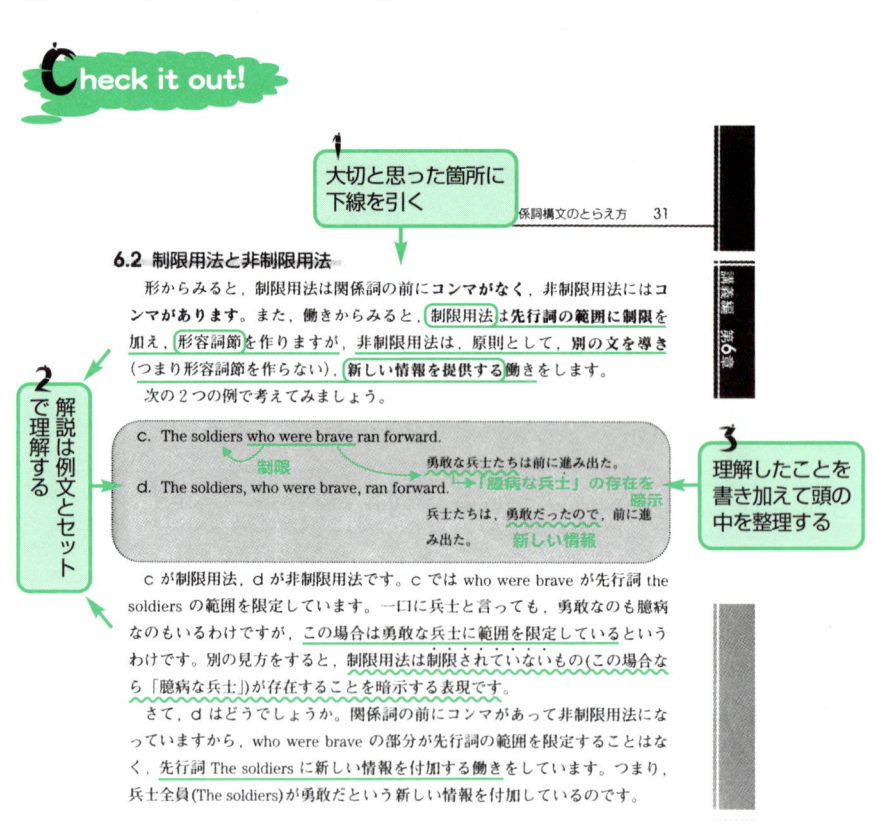

Check it out!

1 大切と思った箇所に下線を引く

2 解説は例文とセットで理解する

3 理解したことを書き加えて頭の中を整理する

6.2 制限用法と非制限用法

形からみると、制限用法は関係詞の前にコンマがなく、非制限用法にはコンマがあります。また、働きからみると、制限用法は先行詞の範囲に制限を加え、形容詞節を作りますが、非制限用法は、原則として、別の文を導き（つまり形容詞節を作らない）、新しい情報を提供する働きをします。

次の2つの例で考えてみましょう。

> c. The soldiers who were brave ran forward.
>   制限　　　　　　　勇敢な兵士たちは前に進み出た。
> d. The soldiers, who were brave, ran forward. →「臆病な兵士」の存在を暗示
>   兵士たちは、勇敢だったので、前に進み出た。　新しい情報

cが制限用法、dが非制限用法です。cでは who were brave が先行詞 the soldiers の範囲を限定しています。一口に兵士と言っても、勇敢なのも臆病なのもいるわけですが、この場合は勇敢な兵士に範囲を限定しているというわけです。別の見方をすると、制限用法は制限されていないもの（この場合なら「臆病な兵士」）が存在することを暗示する表現です。

さて、dはどうでしょうか。関係詞の前にコンマがあって非制限用法になっていますから、who were brave の部分が先行詞の範囲を限定することはなく、先行詞 The soldiers に新しい情報を付加する働きをしています。つまり、兵士全員(The soldiers)が勇敢だという新しい情報を付加しているのです。

STEP ❷ 「問題編・確認」を和訳して解答検討をする（2日目前半） 所要時間 ⌛65分

　2日目の前半は、1日目に読んだ「講義編」の章に対応する「問題編・確認」の英文をノートに訳す（約25分）。そのあと「解答編」で解答検討し、間違えた問題は「講義編」に戻って確認する（約40分）。「問題編・演習」は《後期19日間》（63ページ参照）に回すので、ここでは手をつけない。

Check it out!

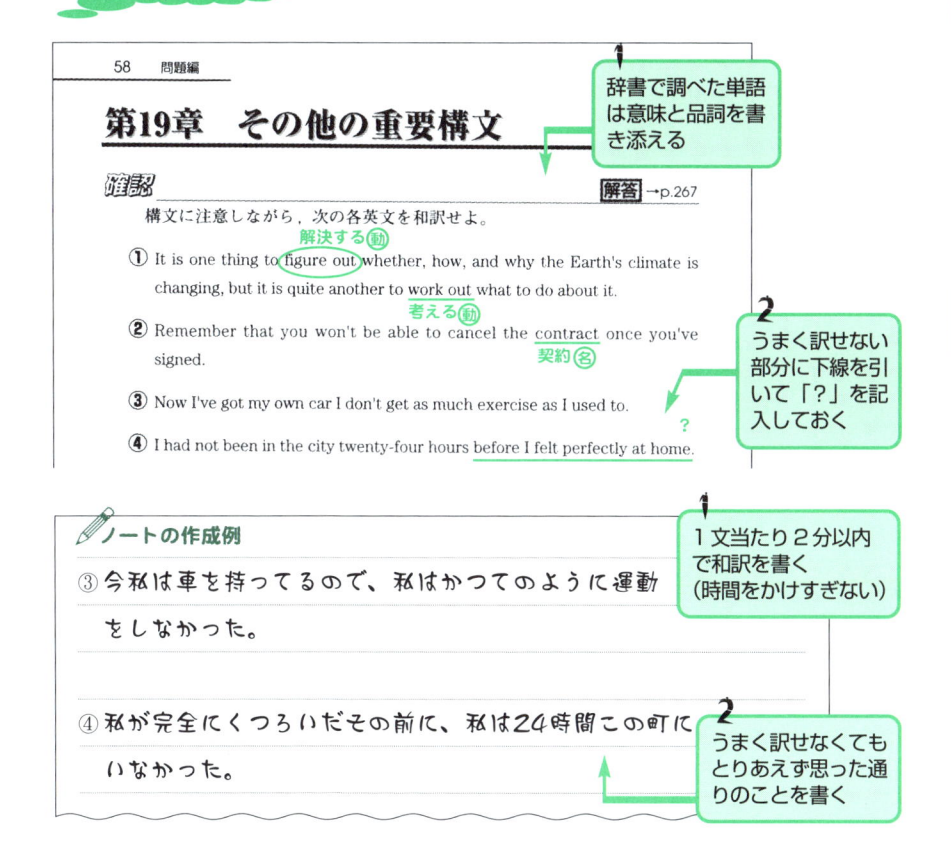

58　問題編

第19章　その他の重要構文

確認　　　　　　　　　　　　　　　　　　　　　　　　　解答 →p.267

構文に注意しながら、次の各英文を和訳せよ。

　　　　　解決する（動）
① It is one thing to figure out whether, how, and why the Earth's climate is changing, but it is quite another to work out what to do about it.
　　　　　　　　　　　　　　　　　考える（動）
② Remember that you won't be able to cancel the contract once you've
　　　　　　　　　　　　　　　　　　　　　　　　契約（名）
signed.

③ Now I've got my own car I don't get as much exercise as I used to.

④ I had not been in the city twenty-four hours before I felt perfectly at home.

> 辞書で調べた単語は意味と品詞を書き添える

> うまく訳せない部分に下線を引いて「？」を記入しておく

✏️ ノートの作成例

③ 今私は車を持ってるので、私はかつてのように運動をしなかった。

④ 私が完全にくつろいだその前に、私は24時間この町にいなかった。

> 1文当たり2分以内で和訳を書く（時間をかけすぎない）

> うまく訳せなくてもとりあえず思った通りのことを書く

POINT ● **模範訳に頼った「考えない添削・書き直し」はダメ！**

　解答検討の際，構造を正しく把握できていれば，「解答」の模範訳と多少表現が違ってもかまわない。構造を取り違えていたり不自然な訳だったりした場合は，解説を読んで「どう考えて訳すか」を理解してから添削・訳の書き直しをする。このとき，模範訳や"模範訳の記憶"に頼って添削・書き直しをしても力がつかない（これは訳の丸写しと同じ）。模範訳を「忘れ」，元の英文だけを見て「自力で考えながら添削、書き直しをする」ことが決定的に重要である。そのあと「講義編」の該当箇所を再読し，ポイントを整理して覚える。

Check it out!

ノートに書いた訳

> ④ 私が完全にくつろいだその前に、私は24時間この町にいなかった。

解答の模範訳（覚えない！）

1　照合して何が違うか考える

> ③「今は車があるので，私はかつてほど運動をしなくなりました。」
> ④「その町に来て1日もたたないうちに、私はすっかりくつろいだ気分になった。」
> ⑤「赤ちゃんは今はもうよい状態なので、彼女は仕事に来れます。」

2　解説を読んで理解しながら正しい訳を考えてみる

> ④ I had not been in the city twenty-four hours **before** I felt perfectly at home.
> 　＜～ before …＞という形式だからといって，後から「…する前に」と和訳してもうまくいかないことがある。時間的に「～」が先で「…」が後になっている場合には，時間的な順序にしたがって前から和訳するほうが自然な日本文になることが多い。問題文も「～」に過去完了が，「…」に過去形がきているから，時間的な順序で並んでいることがわかる。したがって，前から素直に和訳していけばよい。

←解説

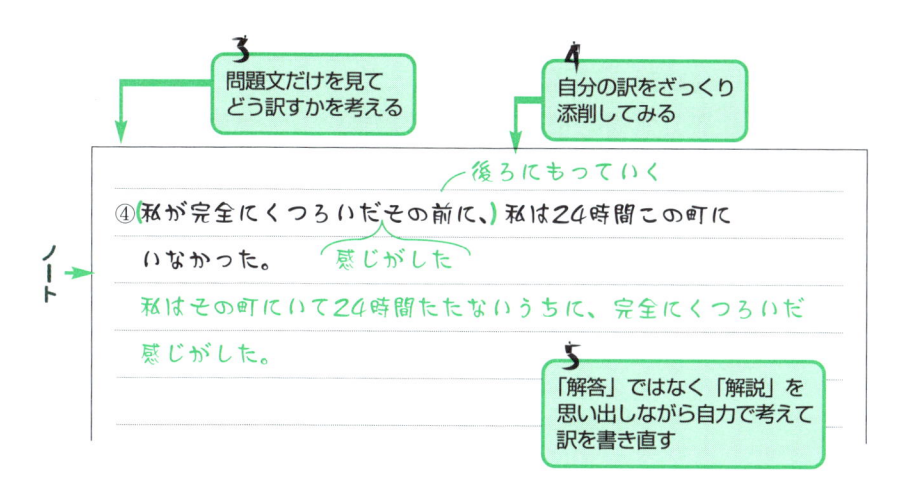

3 問題文だけを見てどう訳すかを考える

4 自分の訳をざっくり添削してみる

ノート

④ ~~私が完全にくつろいだその前に、~~ 〔後ろにもっていく〕 私は24時間この町にいなかった。 〔感じがした〕

私はその町にいて24時間たたないうちに、完全にくつろいだ感じがした。

5 「解答」ではなく「解説」を思い出しながら自力で考えて訳を書き直す

19.2 時間に関する構文

時間に関する重要度の高い構文は次の通りです。すべて接続詞で

- **the moment [the instant / the minute]** …：「…するとすぐに」
- **immediately [directly]** …：「…するとすぐに」
- **once** …：「ひとたび…すると；…するとすぐに」
- **now (that)** …：「今は…なので；…である今」
- **~ before** …：「~をして（その後で）…」

6 「講義編」の該当する項目のところを読み直す

「講義編」

順番に説明しましょう。

the moment は名詞が転用して接続詞として使われています。接続詞かどうかは the moment の後に節構造が続くかどうかで判定します。

immediately や once の場合は元来，副詞ですが，この場合は接続詞として用いられ，その後に節構造が続きます。

now that の場合，that が省略されると，副詞 now との区別がつきにくくなりますが，<now (that) S + V, S + V> という構造になることを確認しましょう。

7 大切なポイントに下線を引いて覚える

接続詞 before に導かれる節が主節の後にくると(例文 h)，before 節から訳し上げたくなりますが，それでは不自然な場合もあります(h なら「けんかを始める前に1週間結婚していた」)。<u>before の前後の節が意味上，時間の前後関係を含む内容であるときは前から訳したほうがよいでしょう。</u>

STEP ❸ 「講義編」を再読して知識の整理をする（2日目後半） 所要時間 25分

すべての問題について解答検討を終えたら、その章の「講義編」を頭から読み直していく。印や下線のついたところは、例文と照らし合わせながら特に丁寧に読み込んで理解を確実なものにする。

ひと通り読んだら、「講義編」と「問題編・確認」に出てくる語句で、知らなかったものや調べたものを自作単語帳に写してまとめておく。

日曜日の復習

「講義編」の例文を頭の中で訳していく 所要時間 90分

日曜日の復習では、月曜から土曜までに進んだ3章分（1週目だけは4章分）について、「講義編」に出てきたすべての例文を訳す（ノートに書く必要はなく、頭の中で訳せればよい）。うまく訳せない例文には印をつけておき、解説を読んで「どう訳せばいいのか」をもう一度確認する。

POINT ● 1週目は「3日で2章」の変則ペース

「講義編」の第1章から第4章までは、それ以降の章に比べて短めなので、「3日で2章」のペースで進め、日曜日に4章分の復習をする。2週目以降は「2日で1章」のペースで月〜土で3章分進める。

	月	火	水	木	金	土	日
1週目	STEP 1 第1章 +第2章	STEP 2,3 第1章	STEP 2,3 第2章	STEP 1 第3章 +第4章	STEP 2,3 第3章	STEP 2,3 第4章	4章分の復習
2週目以降	STEP 1〜3 1章分		STEP 1〜3 1章分		STEP 1〜3 1章分		3章分の復習

※1週目に第1章〜第4章、2週目〜6週目に第5章〜第19章

STEP ❹ 「問題編・演習」の下線部をノートに訳す 《後期19日間》 所要時間 40分

　《後期19日間》は、1日1章分のペースで「問題編・演習」を和訳する（全19章を19日間）。ここでは、「講義編」で得た知識を実際の入試英文に適用するトレーニングを集中的に行う。知らない単語は辞書で調べながら、下線部のみ（下線部のない問題は全文）をノートに訳していく。調べた単語は、その都度、自作の単語帳に写し取っておくとよい。時間はあまり気にしなくてもよいが、30分程度ですべての下線部を訳すのを目安にしてほしい。

POINT ● 下線部以外の英文もしっかり読む

　まずは辞書を使わずに全体の英文をざっと読んで、話題やテーマをざっくりとつかむ。そのあとで、下線部の文構造を推測して全体の骨格をつかみ、知らない単語を調べながら訳していく。下線部以外の英文も、知らない単語を辞書で調べて頭の中で訳し、下線部の内容と矛盾がないかどうかを確認する。

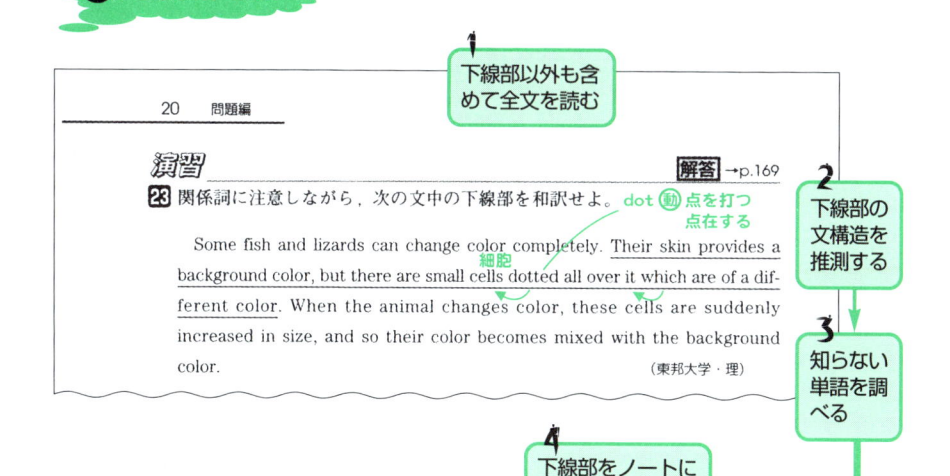

Check it out!

20　問題編

演習　　　　　　　　　　　　　　　　　　　　　　　　解答→p.169

23 関係詞に注意しながら，次の文中の下線部を和訳せよ。　dot 動 点を打つ／点在する

　Some fish and lizards can change color completely. Their skin provides a background color, but there are small cells dotted all over it which are of a different color. When the animal changes color, these cells are suddenly increased in size, and so their color becomes mixed with the background color.

（東邦大学・理）

cells: 細胞

---

1. 下線部以外も含めて全文を読む
2. 下線部の文構造を推測する
3. 知らない単語を調べる
4. 下線部をノートに訳していく

実力を伸ばす！『解トレ必』の使い方　63

STEP ❺ 「解答編」を読んで自分の訳を検討する　　所要時間⏳60分

「問題編・演習」の下線部を訳したら、「解答編」で解答検討をする。最初に文構造を正しく把握できたかどうかをチェックする。そのあと細かい部分を照合しながら、不自然な訳を添削する。正しく訳せていた文には○を、うまく訳せなかった文には×の印をつけておく。下線部以外の英文も「訳・解答」と照合して文構造と文意を確認してから、全体を読み直しておく。

POINT ● 「構文研究」を見て文構造をチェック！

「構文研究」では、文構造が記号によって明示され、続く「解説」で読解のポイントや細かい注意点が示される。和訳の照合では細かい表現に目が向きがちだが、文構造さえ正しくつかめていれば、多少拙い訳でもかまわない。ただし、「解説」で上手な訳し方のコツが書かれているときは、それを自分でも使って書けるようにマスターしよう。

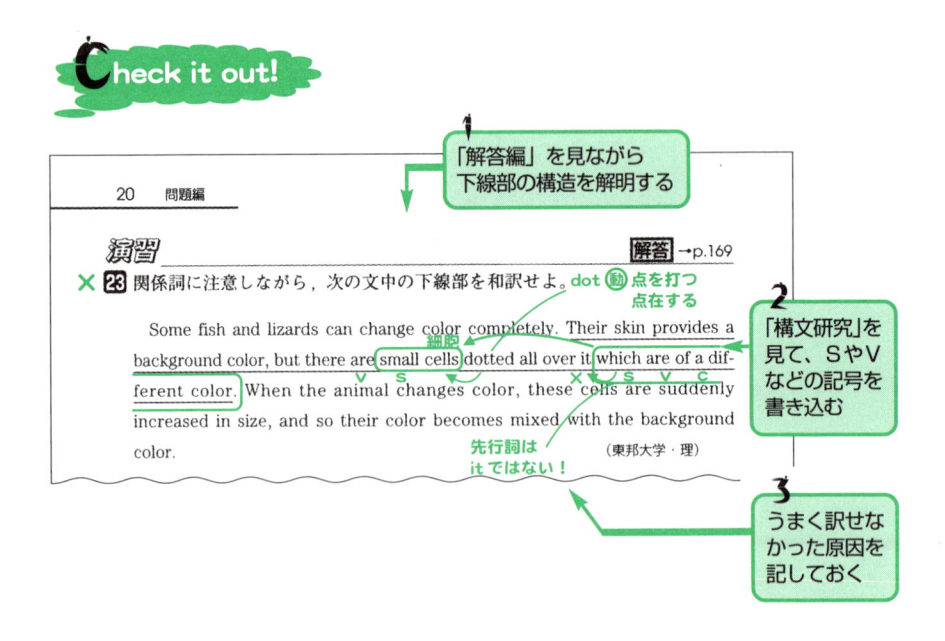

Check it out!

20　問題編

演習　　　　　　　　　　　　　　　　　　　　　　　　解答 → p.169

× ㉓ 関係詞に注意しながら、次の文中の下線部を和訳せよ。dot 動 点を打つ／点在する

　Some fish and lizards can change color completely. Their skin provides a background color, but there are small cells dotted all over it which are of a different color. When the animal changes color, these cells are suddenly increased in size, and so their color becomes mixed with the background color.　　　　　　　　　　　　　　　　　　　　　　　　　（東邦大学・理）

先行詞はitではない！

1. 「解答編」を見ながら下線部の構造を解明する
2. 「構文研究」を見て、SやVなどの記号を書き込む
3. うまく訳せなかった原因を記しておく

構文研究

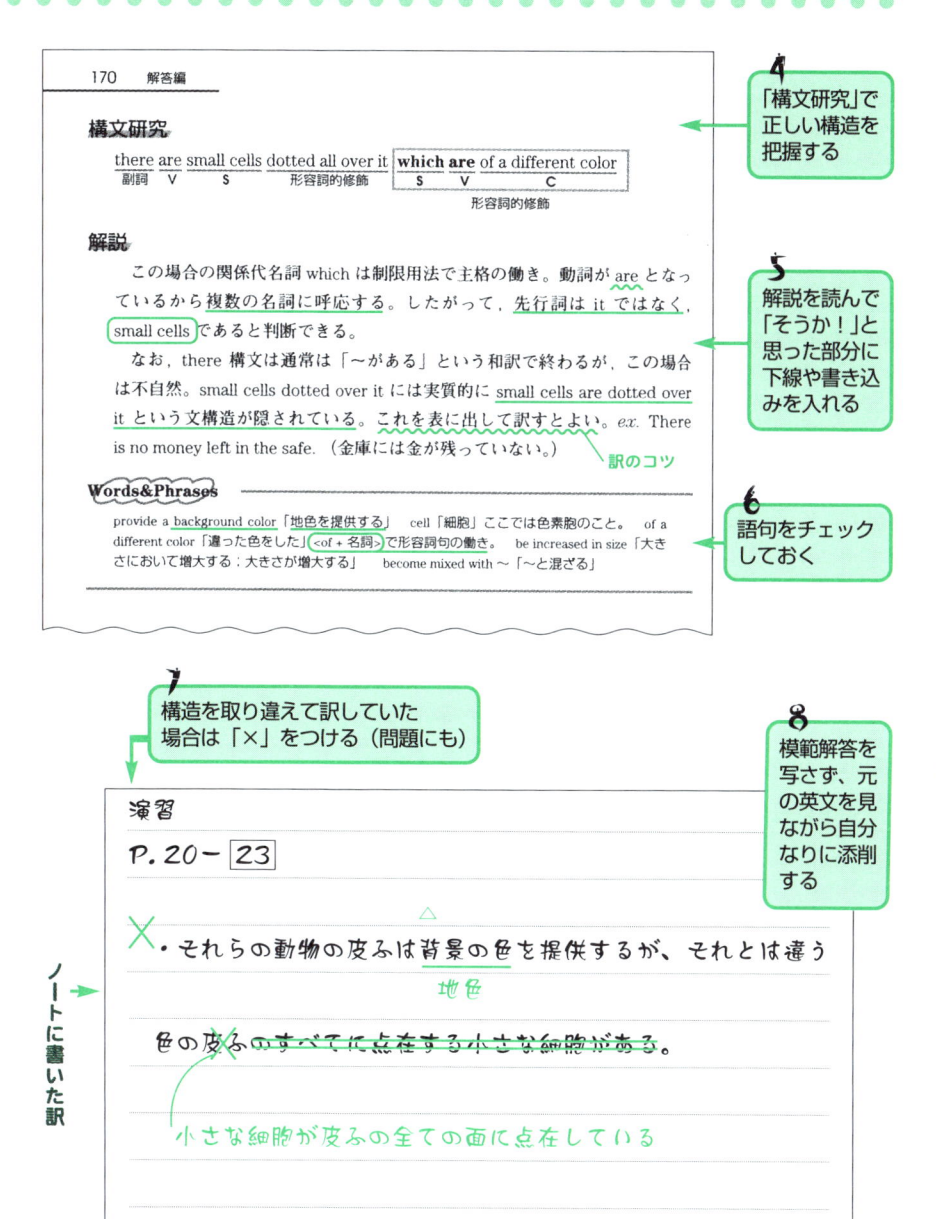

there are small cells dotted all over it | which are of a different color
副詞　V　　S　　　形容詞的修飾　　　S　V　　　C
　　　　　　　　　　　　　　　　　　　　　形容詞的修飾

→ ④「構文研究」で正しい構造を把握する

解説

　この場合の関係代名詞 which は制限用法で主格の働き。動詞が are となっているから複数の名詞に呼応する。したがって，先行詞は it ではなく，small cells であると判断できる。

　なお，there 構文は通常は「〜がある」という和訳で終わるが，この場合は不自然。small cells dotted over it には実質的に small cells are dotted over it という文構造が隠されている。これを表に出して訳すとよい。*ex.* There is no money left in the safe. （金庫には金が残っていない。）

→ ⑤ 解説を読んで「そうか！」と思った部分に下線や書き込みを入れる

→ 訳のコツ

Words&Phrases

provide a background color「地色を提供する」　cell「細胞」ここでは色素胞のこと。　of a different color「違った色をした」<of + 名詞>で形容詞句の働き。　be increased in size「大きさにおいて増大する：大きさが増大する」　become mixed with 〜「〜と混ざる」

→ ⑥ 語句をチェックしておく

→ ⑦ 構造を取り違えて訳していた場合は「×」をつける（問題にも）

→ ⑧ 模範解答を写さず，元の英文を見ながら自分なりに添削する

演習

P.20 - 23

✗・それらの動物の皮ふは背景の色を提供するが，それとは違う
　　　　　　　　　　　　　　地色

　色の皮ふの<s>すべてに点在する小さな細胞がある</s>。

　小さな細胞が皮ふの全ての面に点在している

← ノートに書いた訳

STEP ❻ 「講義編」を読んで 知識を再整理する 《総復習19日間》 所要時間 ⌛20分

　《後期19日間》を終えたら、総復習期間で「講義編」と「問題編・演習」の見直しをする。1日に1章分のペースで「講義編」を読み直す。

　「講義編」の読み直しでは、これまでのステップで印や下線をつけた箇所を中心に知識を再整理し、例文を読みながらイディオムや構文を暗記する。

STEP ❼ 「問題編・演習」を 頭の中で和訳する 所要時間 ⌛70分

　「講義編」の知識整理のあとは、対応する章の「問題編・演習」の英文をもう一度読み直し、下線部以外も含めて頭の中で訳していく。読んですんなり意味が取れればOKだが、うまく訳せない箇所があるときは「解答編」や「講義編」に戻って文構造や訳し方のポイントを確認する。

POINT ● ×印のついた下線部を解き直す

　STEP5（64ページ）で×印のついた下線部は、改めてノートに訳を書いて丁寧にチェックしておく。特に訳しにくい部分については、「解答」の模範訳を参考に、できるだけ自然でこなれた日本語になるように注意する。最後に「解答編」の「Words & Phrases」と自作の単語帳で語句を総整理する。

●《総復習19日間》の復習フローチャート●●●

❶ 1章分について「講義編」を読み直す

❷ 同じ章の「問題編・演習」の英文を頭の中で訳す
　＊×印のついている問題は改めてノートに訳を書く
　＊うまく訳せない箇所は「解答編」「講義編」で確認する

❸ 「解答編」の「Words & Phrases」で語句を確認する

❹ 自作の単語帳で語句を整理・チェックする

　＊❶〜❹まで「1日1章分・90分」を19日間続ける

メイン ステージ3

キムタツ式英語長文速読特訓ゼミ（旺文社）
基礎レベル編／センターレベル編　略称『速特基』『速特セン』
パラグラフリーディングのストラテジー
①読み方・解き方編（河合出版）　略称『パラスト①』

速読スピード200％を実現！

基本データ

強化POINT ● 速読法習得と適用トレーニング

ボリューム ● 45題（3冊計）

長文の語数 ● 約13,800語（3冊計）

使用期間 ● 8週間（3冊計）

この本を使う目的　センターレベルの英文を「180語／分」で読み切る！

　『解トレ必』で難関大学に対応可能な解釈力を養ったあとは、速読力の強化に取り組む。もちろん、ただやみくもに長文を読むのではない。まずは速読の方法やコツを習得するところから入り（方法論習得）、それを実際に適用しながら長文を読む練習を積む（適用トレーニング）。これによってセンターレベルの長文を「1分間180語」のスピードで読み切る力をつけ、続けてパラグラフリーディングの方法論を習得する。これが、ステージ3での目標だ。

● 速読法習得と適用トレーニング

目標スピード 　１分間１８０語（センターレベルの英文）

＊「１分間１８０語」は、センター試験の第６問の長文（700語前後）を４分弱で読み切れる速さ

方法論習得
速読の方法、ノウハウを身につける

適用トレーニング
身につけたノウハウを使う練習をする

❶ キムタツ式英語長文速読特訓ゼミ 基礎レベル編（旺文社）

❷ キムタツ式英語長文速読特訓ゼミ センターレベル編（旺文社）

❸ パラグラフリーディングのストラテジー①読み方・解き方編（河合出版）

❹ ステージ４で適用トレーニング

　この段階まで、速読の勉強を特にしてこなかった人の読解スピードは、「１分間80～100語」程度と推測される。ステージ３では、これを「180語／分」まで、率にして約200％の速読力アップを達成するための参考書メニューを組んだ。具体的には、まず『速特基』で速読の方法論を習得してから、同じシリーズの『速特セン』でその適用トレーニングを行う。これによって、センターレベルの長文を「１分間180語」のスピードで読む力を養う。

　そのあとは、速読の"王道的な方法論"であるパラグラフリーディングを、『パラスト①』で習得する（適用トレーニングはステージ４の総合問題演習で行う）。パラグラフリーディングとは、個々のパラグラフ（段落）を構成する語句や文の役割、相互関係（対比・逆接、抽象→具体、言い換えなど）を把握し、これによってパラグラフ単位で意味（トピックや結論・主張）を読み取った上で、文章全体の意味を素早く捉える読み方のことである。特に評論や論理的な英文の読解に威力を発揮するので、ここでしっかり習得してほしい。

イチオシPOINT　多彩な速読ノウハウが実戦対応力を飛躍させる！

『速特基』では速読法の基本「スラッシュリーディング」（英文を数語のかたまりに区切って読む）をメインに、テーマの流れを大きく把握する「スキミング」、設問に関係する箇所を素早く探す「スキャニング」などの技法も学ぶ。続く『速特セン』では、これらのノウハウをセンターレベルの英文に適用して読む訓練を行いつつ、「1分間180語」の速読スピードを目指す。

『パラスト①』では、文章の論理構造に着目する速読（大意把握）の方法論（パラグラフリーディング）を習得してもらう。複数の方法論をマスターすることで、読解スピードと大意把握力の両面をバランスよく強化し、実戦場面での対応力を高める狙いが込められている。

使い方ダイジェスト　CD音声を活用して、"耳・目・口"の速さを一致！

ステージ3で使う3冊の参考書の進行スケジュールを、次ページに図表化した。『速特セン』は、1冊目の『速特基』と同じ著者（木村達哉氏）による同じシリーズの上位版で、使い方もほぼ同一である。

この2冊では、付属CDの有効活用がポイントになる。音声スピードは『速特基』が140語／分と180語／分の2パターン、『速特セン』が180語／分となっている。いずれもシャドーイングや音読訓練を取り入れ、「音声を耳で聴き取る速さ」と「英文を目で読む速さ」、さらに「英文を音読する速さ」がほぼ一致するまで読み込む。それにより、目標スピードの180語／分を無理なく達成できるだけでなく、リスニング対策にも威力を発揮する。

速読訓練は積み重ねが特に重要なので、『速特基』の復習を3冊目の『パラスト①』と並行させている（『速特セン』の復習はステージ4に回す）。

●ステージ3の8週間スケジュール

	キムタツ式英語長文速読特訓ゼミ 基礎レベル編（旺文社）	キムタツ式英語長文速読特訓ゼミ センターレベル編（旺文社）	パラグラフリーディングのストラテジー ①読み方・解き方編（河合出版）
速読方法論習得 約2週間	LESSON 1〜15 15日間		
速読適用トレーニング 約3週間		LESSON 1〜18 18日間	
速読方法論習得 3週間 ＋『速特基』総復習		復習	パート1〜パート3 3週間

実力を伸ばす ❗ 参考書の使い方

ひと目で分かる！『速特基』の使い方

●ねらい●●●

スラッシュリーディング、スキミング、スキャニングの速読法習得

●達成目標●●●

①CDと同じスピードで英文を読めるようにする
②スキミング、スキャニングの方法を理解する

●進行ペース●●●

15日間（総復習別）
①全15レッスン（15日間）
　→1日1レッスン×15日（土日も継続）
　→土日はその週の復習（週間復習）
②総復習（1日1レッスン×15日間）

●勉強時間の目安●●●

1日90分、土日の復習は60分

●全体スケジュール（15日間）●●●

	月～金	土日
事前準備 p.74参照	1日1レッスン （土日も含め15日間ぶっ通し）	
		週間復習 （土日の2日間）

＊全15レッスンを1日1レッスン×15日。ただし、土日はこれにプラスして「週間復習」のコマを設ける。

●勉強法フローチャート●●●　　　《方法論習得1》

STEP ⓪ 概略の把握とワード・チェック（事前準備）　▶▶p. 74

STEP ❶ ワード・チェックをしてスキミングに取り組む　▶▶p. 75

STEP ❷ 設問内容を頭に入れて、英文をスキャニングする　▶▶p. 76

STEP ❸ 段落ごとの要約をメモ書きする　▶▶p. 77

STEP ❹ 解説を読みながら、正答の根拠を確認する　▶▶p. 78

STEP ❺ 和訳と対照させながら、英文の内容を把握する　▶▶p. 78

STEP ❻ CDを3回聴いて、ネイティブの発話に慣れる　▶▶p. 79

STEP ❼ 140語／分のスピードで
滑らかにシャドーイングできるまで　▶▶p. 80

土日の復習
　1週間分を2回に分けて、音読とシャドーイング　▶▶p. 81

総復習 →『パラスト①』と並行させる
　180語／分のスピードで、シャドーイングと音読　▶▶p. 81

和田式 "手取り足取り" 解説 ●キムタツ式英語長文速読特訓ゼミ・基礎レベル編●

始める前の注意点

1.「キムタツ式速読法」を把握する〈STEP❶〉

『速特基』の各レッスンは、「スキミング」と「スキャニング」の手法を取り入れた構成で、通常の参考書の使い方とは異なる部分も多い。そこで、事前に「本書の構成と使い方」からPART 1の「キムタツの速読のストラテジー」まで（p. 5～19）を読んで、著者のメソッドと勉強法の流れを理解しておく。ただし、この本では著者が記す「使い方」に若干のアレンジを施している。

2. ワード・チェックで語い力を確認！〈STEP❷〉

PART 1では「絶対押さえておきたい英単語500」（p. 20～30）が掲載されているので、とりあえずひと通りチェックする。知らない単語が1割（50個）未満なら、意味をざっと確認して、すぐにレッスンに入ってもよい。知らない単語が1割以上ある場合は、それらの単語を一気に覚え込んでからレッスンに入る。

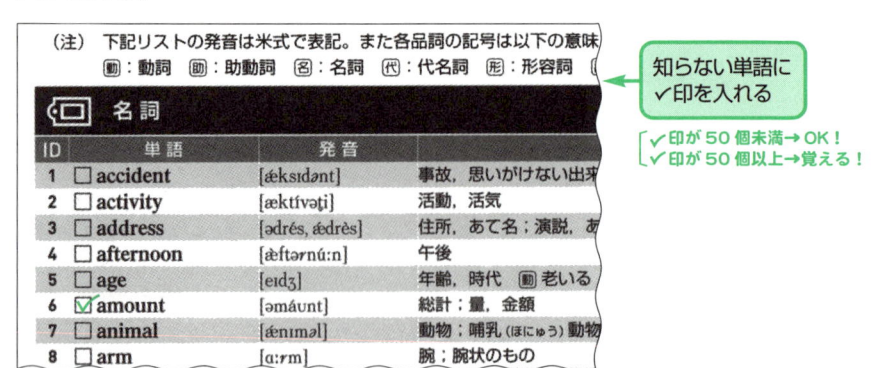

いざ勉強をスタート！　　《方法論習得1》

STEP ❶ ワード・チェックをして スキミングに取り組む　　所要時間 ⏳ 8分

　各レッスン冒頭の「ワード・チェック」は、ざっと眺めて知らない語句の意味を確認する（2分以内）。知らない単語は、このあと英文を読みながら覚え、復習で定着させていくほうが効率よく勉強を進められる。

　「スキミング」では、赤字の英文（各段落の第1文と最終文）だけを読んで要点をメモし、「Q」に答える（最大6分）。時計を手元に置いて「目標時間」を意識して取り組むが、最初のうちはあまり気にしなくてもよい。

POINT ●　要点メモは和訳ではなく"内容"を簡潔に！

　要点メモに手間取ると、すぐに目標時間をオーバーしてしまう。要点メモは英文の和訳ではなく、言わんとする内容を簡潔に書くようにする。

Check it out!

❶ 赤字の英文だけを読む

❷ 赤字の要点をメモする（和訳ではない）

1 Color can affect human mood. We have known this for a long time. Ancient Egyptians and Chinese used different colors to help sick people. No one really knows if it worked or not. But we can see today that people still think that the effect of color is important. The simplest example is the way people choose colors for their rooms. Another example is the color choice for company products. We also consider the color of clothes very carefully when we decide what to buy.

色は人間の気持ちに影響を及ぼす。

服を買うときは色にとても注意する

2 Many people believe that red has a high energy level. They feel that it is connected to speed, danger, excitement, and passion. It is a good choice for a fast car, but not so good for a doctor's office. In that kind of place, a soft blue is thought to be better.

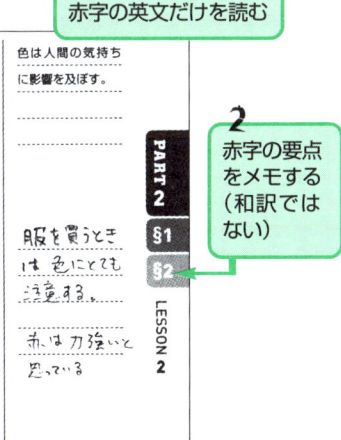

赤は力強いと思っている

（注）実際のテキストは囲んだ部分が赤字になっている。

実力を伸ばす❗『速特基』の使い方　　75

STEP ❷ 設問内容を頭に入れて、英文をスキャニングする　所要時間 ⏳ 9分

「スキャニング」では、まず問1を見て、「解答の手がかりがどこに書かれているか」に注意しながら第1段落を読み通す。わかったら解答にチェックを入れ、問2以降も同様のことをする（最大9分、「要約」はSTEP 3で）。

ちなみに、レッスン1だけは手がかりの語句や英文を赤字にした全文が別途掲載されている。これで"予行演習"をしたら、レッスン2以降は「スキミング」の英文に戻り、自分で"手がかり"を探しながら設問に答えていく。

POINT ● "手がかり"の箇所に自分でマーキング！

ここで習得するスキャニングは、センター試験をはじめ多くの入試問題に適用できる"速読速解のツボ"でもある。レッスン2以降は"手がかり"を自分で探す必要があるが、その際、該当する語句や英文に下線やラインマーカーで印をつけていく。これはスキャニングの意識を高めるのが狙いである。

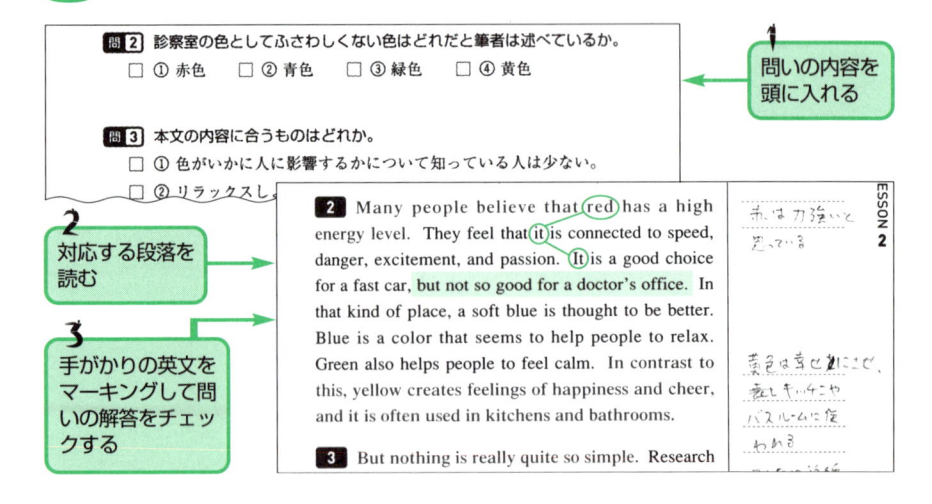

Check it out!

問2 診察室の色としてふさわしくない色はどれだと筆者は述べているか。
- ① 赤色　□ ② 青色　□ ③ 緑色　□ ④ 黄色

問3 本文の内容に合うものはどれか。
- ① 色がいかに人に影響するかについて知っている人は少ない。
- ② リラックス...

1　問いの内容を頭に入れる

2　対応する段落を読む

3　手がかりの英文をマーキングして問いの解答をチェックする

2 Many people believe that (red) has a high energy level. They feel that (it) is connected to speed, danger, excitement, and passion. (It) is a good choice for a fast car, but not so good for a doctor's office. In that kind of place, a soft blue is thought to be better. Blue is a color that seems to help people to relax. Green also helps people to feel calm. In contrast to this, yellow creates feelings of happiness and cheer, and it is often used in kitchens and bathrooms.

3 But nothing is really quite so simple. Research

赤は力強いと思っている

黄色は幸せ気分で、楽しキッチンやバスルームに使われる

LESSON 2

STEP ③ 段落ごとの要約をメモ書きする　　所要時間 5分

　「スキャニング」の最後に、「要約」を書くスペースがある。STEP 2を終えた段階で、全文をひと通り読んだことになるので、最後に第2段落以降（第1段落はすでに記入されている）の要約を余白に書き込む（5分）。

　ここでの要約は、スペースに収まる程度に各段落の内容を短くまとめたもので、たとえば「主な色の効果についての説明」（レッスン2の第2段落）のように、一文で書けるくらいの"ざっくりとした要約"でかまわない。

POINT ● 最初の1～2題はカンニングをして感じをつかむ

　ここで求められる要約は、他の参考書や入試の要約問題と違って非常に簡潔なものなので、最初は戸惑うだろう。そこで、イメージをつかむために、最初の1～2題に限って「解答例」をカンニングして書いてもよい。ただし、そのあとのレッスンからは、必ず自力で要約を書くようにする。

Check it out!

🖉 要約の書き込み例

要約　第2,第3段落の要約を書いてみよう。	
段落	各段落の1行要約・テーマ
第1段落	色は人間の気持ちに影響を及ぼすことがあるということ。
第2段落	色の効果の具体例。
第3段落	色が与える効果は長く続かない。

→ ごく簡単に内容を書くだけでよい

STEP ❹ 解説を読みながら、正答の根拠を確認する　　所要時間 ⏳ 8分

「スキミング」と「スキャニング」を終えたら、「解答・解説」を読みながらまとめて解答検討をする（5分）。間違えた問題は、正答の根拠がどこに書かれていたのかを英文に戻って確認し、「スキャニング」の際に自分で印をつけた語句や英文が合っていたかもチェックする。最後の要約は、「解答例」と内容が大きくズレていなければ OK とする。

そのあとで「構造分析」のコラムを読む（3分）。ここでは、ちょっと読みにくい英文や重要構文が取り上げられている。すでに学習済みの内容が多いので、復習のつもりでざっと読み流せばよい。

STEP ❺ 和訳と対照させながら、英文の内容を把握する　　所要時間 ⏳ 10分

「構造分析」のあとに、スラッシュ（／）の入った英文（左）と和訳（右）が掲載されている。ここでは、和訳を参照しながら英文の内容を把握し、語句も含めて不明点がない状態で次のステップに移る。

Check it out!

知らない単語をマーキングして右の訳と照合する

1 Color can affect human mood.// We have known this / for a long time.// Ancient Egyptians and Chinese used different colors / to help sick people.// No one really knows / if it worked or not.// But we can see today / that people

1 色は人間の気分に影響を及ぼすことがある。これは昔から知られてきたことである。古代エジプト人や中国人は病人を助けるために、さまざまな色を使った。効果があったのかどうかは実際誰にも分からない。しかし今日、色の効果が重要であると人々が依然として思ってい

意味の取りにくい英文を右の訳と照合する

PART 2　§1

STEP ❻ CDを3回聴いて、ネイティブの発話に慣れる　　所要時間⏳10分

全文の内容をつかんだら、CDの音声（遅いほうのトラック＝140語／分）を3回聴く。1回目は英文を見ずにどれだけ聴き取れるかを試し、2回目は英文を見ながらCD音声を聴き、3回目は英文を見ずにシャドーイング（124ページ参照）の練習をしてみる。シャドーイングは、もちろんこの時点で完璧にできる必要はなく、"耳で聴こえた通り"に口まねするだけでもかまわない。

POINT ● 文字と音声の"ギャップ"に注意！

CD音声を聴いたとき（1回目と2回目）、うまく聴き取れない箇所がいくつか出てくるはずである。そこで、2回目に英文を見ながら聴く際は、耳で聴いて判別できない語句や文に印をつけておく。音声に集中できないときは、イアホンやヘッドホンを使用するとよい。

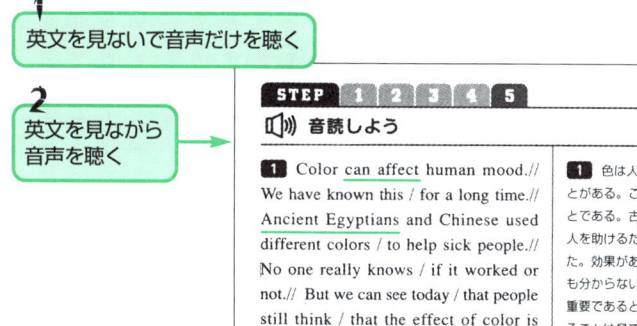

Check it out!

1 英文を見ないで音声だけを聴く

2 英文を見ながら音声を聴く

> STEP 1 2 3 4 5
> 🔊 音読しよう
>
> **1** Color can affect human mood.// We have known this / for a long time.// Ancient Egyptians and Chinese used different colors / to help sick people.// No one really knows / if it worked or not.// But we can see today / that people still think / that the effect of color is important.// The simplest example is the way / people choose colors / for their rooms.// Another example is the color choice / for company products.//
>
> **1** 色は人とがある。こ とである。古人を助けるた た。効果があ も分からない 重要であると ることは見て 単な例は、人 様子である。 に対する色の どんな服を買

3 聴き取りにくい語句や文に印をつけておく

4 英文を見ながらシャドーイングを試す

＊CDは遅いほうのトラックを聴く

STEP ❼ 140語／分のスピードで滑らかにシャドーイングできるまで　所要時間 40分

最終段階では徹底的にシャドーイングを行う。最初は、英文を見ながら音声に合わせてシャドーイングを3～4回行う。スラッシュで区切られた部分をまとめて読む感じをつかみ、うまく発話できない箇所に印をつけていく。印のついたところはCDから拾ってリピートし、CD音声に重ねて"唱和"できるようにする。弱い部分をひと通り潰したあとは、英文を見ずに「滑らかなシャドーイング」ができるまで何度もくり返す。

POINT ● 怪しい部分は英文を"チラ見"しながら

英文を見ずにシャドーイングする際も英文を手元に置き、うまく発話できない部分だけ"チラ見"しながら進めてもよい。ただし、最後は英文を見ずにできるようにする。最終的に怪しい部分が1～2箇所あっても、頭の中で文の構造や単語がきちんと"見えている"状態になっていればよしとする。

Check it out!

STEP 1 2 3 4 **5**

🔊 音読しよう

1 Color <u>can affect</u> human mood.// We have known this / for a long time.// <u>Ancient Egyptians</u> and Chinese used different colors / to help sick people.// No one really knows / if it worked or not.// But we can see today / that people still think / that the effect of color is important.// The simplest example is the way / people choose colors / for their rooms.// Another example is the color choice / for company products.// We also consider the color of clothes / very carefully / <u>when we decide</u> what to buy.//

1 発話しにくい箇所に印をつける

2 印のついたところをCDでよく聴く

3 音声に合わせて何度か唱和する

▲ can affect 「キャナフェクト」
▲ Ancient Egyptians 「エイシャネジプション」
▲ When we decide 「ウェヌウィディサイド」

（注）カタカナ表記は便宜的なもので、実際に聴こえる音の「感じ」を表しているにすぎない。

土日の復習

1週間分を2回に分けて、音読とシャドーイング　　所要時間⌛60〜90分

　週間復習では、土曜日に「月〜木」の4レッスン分、日曜日には「金〜日」の3レッスン分の音読とシャドーイングを行う。1レッスンにつき「音読3回＋シャドーイング5回」が基本セットとなる（約20分）。音読の1回目は英文を見ながらCD音声と"唱和"し、そのあとはCDを聴かずに音読をする。シャドーイングの1回目も、英文を見ながらシャドーイングを行い、そのあとは英文を見ずにシャドーイングをくり返す。

総復習　…『パラスト①』と並行させる

180語／分のスピードで、シャドーイングと音読　　所要時間⌛30分

　最後の総復習は1日1レッスンずつ行う（30分、15日間）。CDの速いトラック（180語／分）を使用して、最初はCD音声だけを聴いて内容を把握できるかどうかチェックする。次に、英文を見ながらシャドーイングを2回行い、速さの感覚をつかめたら英文だけを見て5回以上音読する。

POINT ● 「語数÷3」の秒数を目標に音読する

　180語／分は最終的に目標とするスピードなので、この段階から意識する。このスピードで各英文を読むときにかかる時間は、語数（レッスン冒頭の左上に記載）を3で割った秒数になる。たとえば265wordsなら〈265÷3＝88.3秒〉となり、1分30秒程度が"目標スピード"となる。音読の際には、ストップウォッチ機能のついた時計やケータイを使ってスピードを測定する。ただし、時間を気にするあまり"いい加減な音読"にならないように注意してほしい。160語／分以上で読み切れればひとまず「合格」と考えてよい。

ひと目で分かる！『速特セン』の使い方

●ねらい●●●

速読法の適用トレーニング（センターレベルの長文）

●達成目標●●●

①センターレベルの長文を180語／分で読み切る

②スキミング、スキャニングの方法をマスターする

●進行ペース●●●

18日間（総復習別）

①全18レッスン（18日間）

　→１日１レッスン×18日（土日も継続）

　→土日はその週の復習（週間復習）

②総復習（１日１レッスン×18日間）

●勉強時間の目安●●●

１日90分、土日の復習は60分

●全体スケジュール（18日間）●●●

	月～金	土日
事前準備 p.74参照	１日１レッスン（土日も含め18日間ぶっ通し）	
		週間復習（土日の２日間）

＊全18レッスンを１日１レッスン×18日。ただし、土日はこれにプラスして「週間復習」のコマを設ける。

●勉強法フローチャート●●●　　　　　　《適用トレーニング１》

STEP ❶ 概略の把握とワード・チェック（事前準備）　　▶▶p. 74

STEP ❶ ワード・チェックをしてスキミングに取り組む　　▶▶p. 75

STEP ❷ 設問内容を頭に入れて、英文をスキャニングする　　▶▶p. 76

STEP ❸ 段落ごとの要約をメモ書きする　　▶▶p. 77

STEP ❹ 解説を読みながら、正答の根拠を確認する　　▶▶p. 78

STEP ❺ 和訳と対照させながら、英文の内容を把握する　　▶▶p. 78

STEP ❻ CDを3回聴いて、ネイティブの発話に慣れる　　▶▶p. 85

STEP ❼ 音読をくり返しながらスピードを上げていく　　▶▶p. 85

土日の復習
　　１週間分を２回に分けて、音読とシャドーイング　　▶▶p. 81

総復習 …ステージ４に入ってから
　　180語／分のスピードで澱みなく音読できるように　　▶▶p. 85

　ステップ❻、❼と〈総復習〉は、『速特基』と使い方を変える（次ページ参照）。

和田式 "手取り足取り" 解説 ●キムタツ式英語長文速読特訓ゼミ・センターレベル編●

『速特基』との相違点

1．CDの音声スピードは180語／分のみ

　『速特セン』は『速特基』とほぼ同一の構成だが、付属CDの音声トラックが1種類（180語／分）しかない。英文の難易度は「センターレベル」になり、全18レッスンを総復習を別として18日間で仕上げる。

　『速特基』で習得した速読手法をセンターレベルの英文にも適用できるようにするのが、『速特セン』を使用する最大の目的である。したがって、「勉強法フローチャート」も『速特基』と基本的には同じだが、シャドーイングを必ずしも重視しないという点で異なる。

2．STEP 6以降の使い方を若干アレンジ

　『速特セン』のCD音声は180語／分の速いトラックしかないため、「勉強法フローチャート」のSTEP 6以降を多少アレンジする必要があるかもしれない。これは、「180語／分のスピードで難なくシャドーイングができるかどうか」で違ってくる。それができる人は、STEP 6以降も『速特基』と同じでよいが、そうでない人は、無理をせず音読をメインとしたやり方に変えたほうが無理がない。

　ここでは「180分／語でのシャドーイングが厳しい」人に向けて、「STEP 6」「STEP 7」「総復習」のやり方を若干アレンジして提示する。その場合でも、STEP 1からSTEP 5までと「土日の復習」は、『速特基』の「手取り足取り解説」（75～78ページ、「土日の復習」は81ページ）で説明した通りに進めてほしい。

STEP ❻ CDを3回聴いて、ネイティブの発話に慣れる　　所要時間 ⏳10分

　全文の内容をつかんだら、CD音声（180語／分）を3回聴く。1回目は英文を見ずにどれだけ聴き取れるかを試す。2回目は英文を見ながら音声を聴き、"耳で判別しにくい語句や文"に印をつける。3回目は英文を見ながら音声と"唱和"するように音読する。CDはかなり速いので、うまく発話できなかったり遅れたりしても、この段階では気にしなくてよい。

STEP ❼ 音読をくり返しながらスピードを上げていく　　所要時間 ⏳40分

　最終段階では、CDとほぼ同じくらいの速さで読めるように、音読をくり返す。最初はゆっくりでよいので、スラッシュで区切られた"数語のかたまり"を意識してごまかさずに発話し、しだいにスピードを上げていく。ときどきCD音声を聴いてうまくいかない箇所の発音やイントネーションを確認し、最終的に「（語数÷3）＋10秒以内」に明瞭な音読ができるように仕上げる。

総復習　…ステージ4に入ってから

180語／分のスピードで澱みなく音読できるように　　所要時間 ⏳30分

　総復習は1日1レッスンずつ行う（30分、18日間）。CDを聴いて「耳で内容を把握できる」ことを確認したら、次はCD音声と一緒に英文を読む。そのあとストップウォッチを用意し、「語数÷3」の秒数を目標タイムとして最低5回は音読する。

ひと目で分かる！『パスト①』の使い方

●ねらい●●●

パラグラフリーディングとその解法適用の方法論習得

●達成目標●●●

読みのポイントと「論理マーカー」の徹底理解

●進行ペース●●●

パート1〜3を1週間ずつ（計3週間）

●勉強時間の目安●●●

1日60分〜90分

　＊『速特基』の総復習を並行させる

●全体スケジュール（3週間）●●●

1週目	2週目	3週目
パート1の理解（詳細は89ページ）	パート2の理解（詳細は96ページ）	パート3の理解（詳細は101ページ）
『速特基』の総復習（15日間）		

●勉強法フローチャート●●● 《方法論習得2》

パート1 … 1週間

STEP ❶ 「通読→熟読」を2日間くり返して内容を理解する ▶▶p. 89

STEP ❷ 「チャレンジ英文」で読み方のポイントを理解する ▶▶p. 91

STEP ❸ パート1の解説を通して読んで復習する ▶▶p. 94

OPTION 『速特基』の英文の論理展開を追ってみる ▶▶p. 95

パート2 … 1週間

STEP ❹ 「論理マーカー」の働きを例題と解説で理解する ▶▶p. 96

STEP ❺ 別冊「論理マーカーの一覧」で知識の復習・整理をする ▶▶p. 100

パート3 … 1週間

STEP ❻ 辞書を使わずに英文を読み、自力で問題を解く ▶▶p. 101

STEP ❼ 解説を読んで解法のポイントを吸収する ▶▶p. 104

STEP ❽ 英文をもう一度読み、解法のポイントを確認する ▶▶p. 107

和田式 "手取り足取り" 解説 ● パラグラフリーディングのストラテジー①読み方・解き方編

始める前の注意点

1. パート1の"体験学習"が方法論習得のキモ！

『パラスト①』は「読み物」的な参考書であり、英文を読み込みながら方法論を習得するというより、基本的には「解説を読んで理解する」ことが勉強のメインになる。解説はわかりやすく書かれているが、「対比・逆接」「論理マーカー」「反復回避」など、あまり聞き慣れない用語が頻出する（用語の定義や意味は、解説でわかりやすく説明されている）。

これらの用語の意味を確実に理解するには、実際の英文を読みながら適用法を学ぶ作業が欠かせない。それは、パート1の後半、「チャレンジ英文」を素材とする"体験学習"として組み込まれている。パラグラフリーディングの全体像を把握し、その基本的な考え方、読み方を理解するには、ここを確実に吸収することがもっとも重要である。

2. 『速特基』の英文を"練習台"として活用する

『パラスト①』を進めながら、並行して『速特基』の総復習を行う（復習法は81ページを参照）。復習自体はシャドーイングや音読がメインの速読トレーニングだが、『パラスト①』で解説されていた内容を『速特基』の英文で確認する作業をオプション的に行ってみるのもよい（必須ではない）。

特に、『パラスト①』のパート1では、実際の英文を読む機会が少ないので、『速特基』の英文を練習台として、パラグラフ単位の内容把握や論理展開の分析を試してみる。ただ、『速特基』に収録されている英文は「評論」というほど論理的ではないので、あくまでも"お試し程度"でかまわない。

いざ勉強をスタート！

《方法論習得2》
パート1

STEP❶ 「通読→熟読」を2日間 くり返して内容を理解する　　所要時間⏳60分

　パート1は、英文の論理展開を解説する前半（p.8〜35）と、「チャレンジ英文」を素材に実際にパラグラフリーディングを体験する後半（p.36〜62）に大きく分けることができる。進行ペースは、前半部分に2日、後半部分に3日、前半の復習に1日、後半の復習に1日の計7日間を予定する（下表）。

1日目	2日目	3日目	4日目	5日目	6日目	7日目
前半 p.8〜35 通読＋熟読	前半 p.8〜35 通読＋熟読	後半 p.36〜62 チャレンジ英文	後半 p.36〜62 チャレンジ英文	後半 p.36〜62 チャレンジ復習	前半の復習	後半の復習

　1日目と2日目にやることは基本的に同じで、とにかく「読んで内容を理解する」だけである。読み方としては、まずざっくりと前半の最後（p.35）まで通読したあと、次に細かく読み込んでいく。これを1日1セット、2日間くり返して、パラグラフリーディングの基本を頭にたたき込む。

　パート1の前半は、英文を読んだり問題を解いたりする作業がなく、飽きてしまうかもしれない。しかし、ここをいい加減にしたままパート2に進むと、いきなり細かい「論理マーカー」の話に入り込んで、「なぜ、こんな知識が必要なのか」がわからないまま終わってしまうので、書かれていることを覚えてしまうくらいのつもりで読み込む。

　解説でも触れているが、パラグラフリーディングの基本的な論理展開を押さえておくと、日本語の現代文（特に評論や硬めのエッセイ）の読解でも役立つので、「現代文対策も兼ねた勉強」と思って取り組んでほしい。

POINT ● **「まとめ」の内容を説明できるまで読み込む**

パート1の前半では、点線で囲まれた論理展開（「抽象→具体」「対比・逆接」「因果関係」）や「基本ストラテジー」）を見て、自分でその内容を説明できるかどうか、試しながら読み進めていく。最終的には、ラストの「9つの質問」（p.35）にスッと答えられることを目標とする。

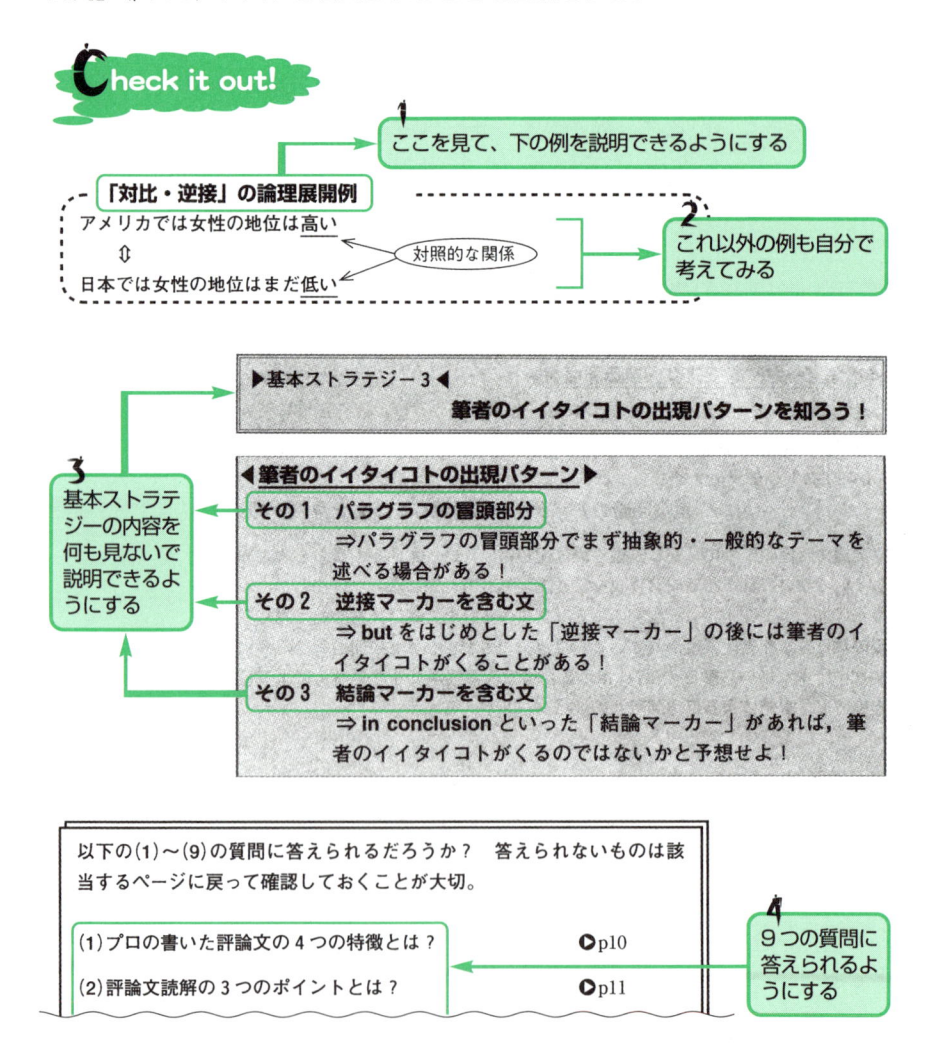

Check it out!

1. ここを見て、下の例を説明できるようにする

「対比・逆接」の論理展開例
- アメリカでは女性の地位は高い
- ⇕ 対照的な関係
- 日本では女性の地位はまだ低い

2. これ以外の例も自分で考えてみる

▶基本ストラテジー3◀
筆者のイイタイコトの出現パターンを知ろう！

◀筆者のイイタイコトの出現パターン▶

その1　パラグラフの冒頭部分
⇒パラグラフの冒頭部分でまず抽象的・一般的なテーマを述べる場合がある！

その2　逆接マーカーを含む文
⇒butをはじめとした「逆接マーカー」の後には筆者のイイタイコトがくることがある！

その3　結論マーカーを含む文
⇒in conclusionといった「結論マーカー」があれば、筆者のイイタイコトがくるのではないかと予想せよ！

3. 基本ストラテジーの内容を何も見ないで説明できるようにする

以下の(1)～(9)の質問に答えられるだろうか？　答えられないものは該当するページに戻って確認しておくことが大切。

(1) プロの書いた評論文の4つの特徴とは？　　●p10
(2) 評論文読解の3つのポイントとは？　　●p11

4. 9つの質問に答えられるようにする

STEP ❷ 「チャレンジ英文」で読み方のポイントを理解する　所要時間 ⏳60分

　パート1の後半（p.36〜62）では、「チャレンジ英文」を素材に、パラグラフリーディングの基本的な考え方・読み方を丁寧に吸収する。英文自体は300語程度だが、その中にたくさんの"仕掛け"があり、解説の分量も多いので3日間かけて取り組む。

　「チャレンジ英文」の読み方は、本冊（p.36）の指示に従って、5分の制限時間を目安に辞書を使わずに読み切る。実際には別冊に掲載されている英文を読み、これを手元に置きながら解説を読み進める。

　問題の解説は分量が多く、「ポイント」だけで21もあるので、1回読んだだけでは吸収しきれない。3日間で最低5回を目標に、徹底的な理解を目指して読み込んでほしい。ここで言う「理解」の目安は、「チャレンジ英文」を読んだときに、解説で書かれていたことが反射的に頭に浮び、理想的には他人の前で"授業"ができるくらいになることである。

　進行スケジュールは、1日目に「チャレンジ英文」を読んだら、そのまま解説をざっと通読して大まかな内容を把握する。そのあと、手元の英文と照合しながら解説を熟読していくが、1日目は第1パラグラフの解説、2日目は第2、第3パラグラフの解説の理解に集中する。いずれも、最初に「チャレンジ英文」を読むのは必須だ（下表）。

1日目	2日目	3日目
「チャレンジ英文」(別冊)を読む ↓ 解説をざっと通読する(p.38〜62) ↓ 第1パラグラフの解説(p.38〜48)を丁寧に読んで理解する	「チャレンジ英文」(別冊)を読む ↓ 第2、第3パラグラフの解説(p.48〜62)を丁寧に読んで理解する	「チャレンジ英文」(別冊)を読む ↓ すべての解説(p.38〜62)を読み直して復習する

実力を伸ばす❕『パラスト①』の使い方

POINT 1 ● 解説を読みながら英文に書き込みを入れる

解説を読むときは、手元に別冊を用意する（本冊にも同じ英文が載っているが、これには書き込みを入れず、あとで復習をするときに使用する）。

別冊の英文を解説と照合しながら、重要なポイントは英文に書き込んで理解を深めていく。たとえば、解説で「『抽象→具体』の流れに注意」という記述があったときは、該当する英文に書き込みを入れる（下図参照）。

こうして、英文と照合しながら解説を読み、書き込みながら論理展開を確認することで、「ただ解説を読むだけ」に比べてより深い理解を得られる。

Check it out!

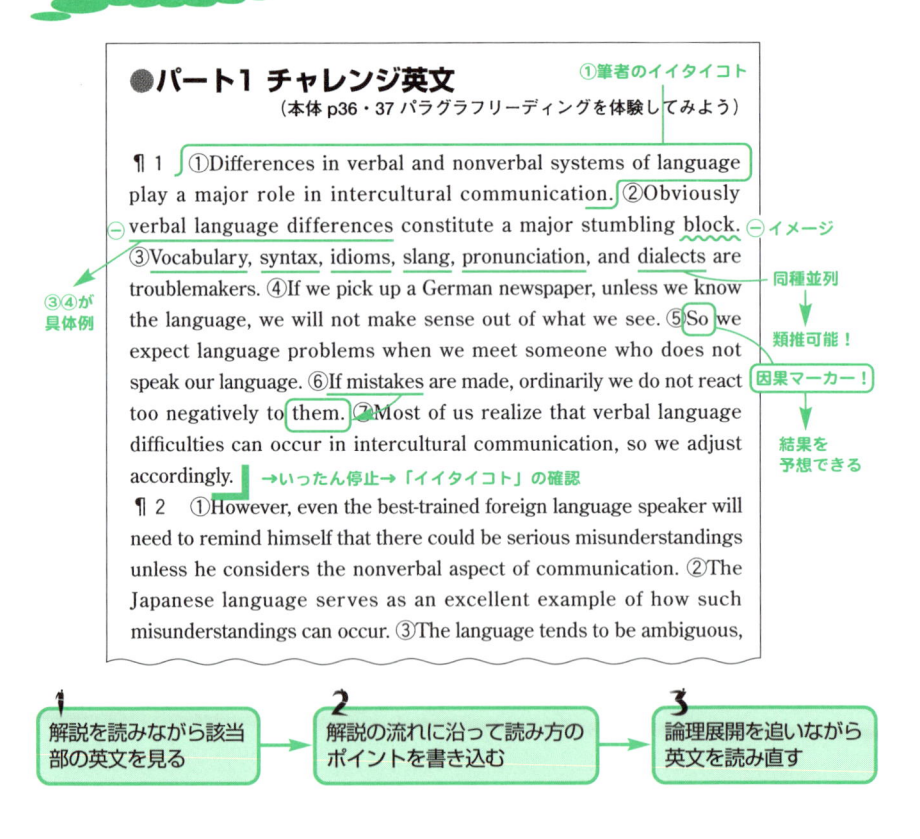

●パート1 チャレンジ英文
（本体 p36・37 パラグラフリーディングを体験してみよう）

①筆者のイイタイコト

¶1 ①Differences in verbal and nonverbal systems of language play a major role in intercultural communication. ②Obviously verbal language differences constitute a major stumbling block. ③Vocabulary, syntax, idioms, slang, pronunciation, and dialects are troublemakers. ④If we pick up a German newspaper, unless we know the language, we will not make sense out of what we see. ⑤So we expect language problems when we meet someone who does not speak our language. ⑥If mistakes are made, ordinarily we do not react too negatively to them. ⑦Most of us realize that verbal language difficulties can occur in intercultural communication, so we adjust accordingly. →いったん停止→「イイタイコト」の確認

③④が具体例 ／ ⊖イメージ ／ 同種並列 ／ 類推可能！ ／ 因果マーカー！ ／ 結果を予想できる

¶2 ①However, even the best-trained foreign language speaker will need to remind himself that there could be serious misunderstandings unless he considers the nonverbal aspect of communication. ②The Japanese language serves as an excellent example of how such misunderstandings can occur. ③The language tends to be ambiguous,

1. 解説を読みながら該当部の英文を見る → 2. 解説の流れに沿って読み方のポイントを書き込む → 3. 論理展開を追いながら英文を読み直す

POINT 2 「論理チャート」を自分で書いてみる

解説を読んでいくと、「第○パラグラフの速読イメージ」と題されたカコミが登場する。これは、該当するパラグラフの論理展開を要約したもので、「論理チャート」と名づけられている（説明は本冊のp.59）。

ひと通り解説を読んで読み方のポイントを理解したら、もう一度英文を読んで、自分で「論理チャート」を書いてみる。うまく書けなかったり、書いた内容に過不足があったりするときは、まだ解説を吸収しきれていない証拠と考え、何度でも英文と解説を往復しながら「ポイント」を確実に消化する。

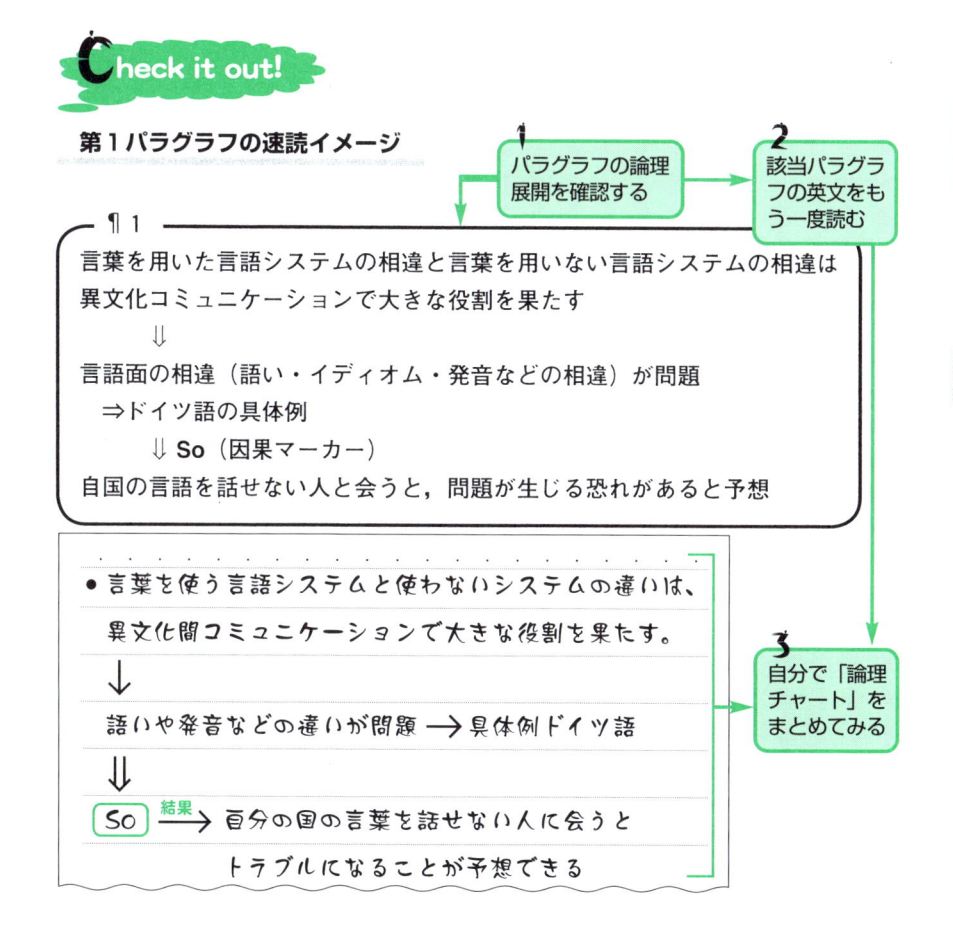

Check it out!

第1パラグラフの速読イメージ

1. パラグラフの論理展開を確認する
2. 該当パラグフの英文をもう一度読む
3. 自分で「論理チャート」をまとめてみる

¶1
言葉を用いた言語システムの相違と言葉を用いない言語システムの相違は異文化コミュニケーションで大きな役割を果たす
⇓
言語面の相違（語い・イディオム・発音などの相違）が問題
⇒ドイツ語の具体例
⇓ So（因果マーカー）
自国の言語を話せない人と会うと、問題が生じる恐れがあると予想

- 言葉を使う言語システムと使わないシステムの違いは、異文化間コミュニケーションで大きな役割を果たす。
  ↓
  語いや発音などの違いが問題 → 具体例ドイツ語
  ↓
  [So] —結果→ 自分の国の言葉を話せない人に会うとトラブルになることが予想できる

STEP ❸ パート1の解説を通して読んで復習する　　所要時間 ⌛60分

　3日目は、パート1後半（p.36〜62）の全体を復習する。最初に書き込みのない本冊の「チャレンジ英文」（p.36〜37）を読んだら、別冊の英文を手元に置いて参照しながら、解説をじっくり読み込んでいく。それを終えたら、もう一度「チャレンジ英文」を読み、1つの段落を読むたびに「論理チャート」を自分で書いてまとめていく。

POINT ●「ポイントの総整理」で全体をチェックする

　「ポイントの総整理」（p.61）には、解説に出てきた「ポイント」の一覧が載っている。これを番号順に読み、解説内容や英文の該当箇所を確認していくことで、解説の時系列に沿った知識の総整理ができる。

Check it out!

1. 順番に確認していく

■ポイントの総整理■
　本体の英文でも別冊に掲載したものでもよいので、最後にもう一度全体の英文を見直してみよう。以下にポイントの一覧とその対応箇所を示しておく。英文のどの部分でどんな考えを使ったのか、もう一度自分の力で解説講義を再構成しながら読み直すことが重要だ！

- ポイント1　パラグラフ番号を打ち込め！（●p40）
- ポイント2　パラグラフ冒頭部分は慎重に読め！（●p40, p22）
- ポイント3　抽象的な内容は具体的に考えよ！（●p40）
- ポイント4　未知の語句は文脈から類推せよ！（●p42, p28）
- ポイント5　プラス・マイナスのイメージに注意せよ！（●p42, p32）
- ポイント6　「抽象⇒具体」に注意せよ！（●p43, p16）
- ポイント7　同種並列に注意せよ！（●p44, p33）
- ポイント8　「因果マーカー」に注目せよ！（●p45, p19）
- ポイント9　「指示語」の内容をチェックせよ！（●p47, p25）

2. 英文のどの部分について言っているのか思い出してみる

3. 思い出せないときは該当ページに戻って復習する

OPTION 『速特基』の英文の論理展開を追ってみる　　所要時間 ⏳10分

　『パラスト①』に取り組んでいる期間に、並行して『速特基』の総復習を組み込む（15日間）。所要時間は30分程度（1日1レッスン）で、具体的な復習方法については81ページを参照してほしい。

　余裕があれば、同じ英文を素材に、『パラスト①』に出てくる論理展開（論理マーカー）を確認する作業を行っておきたい。たとえば「この段落は『具体例』が述べられている」とか、「この2つの文は『逆接』の関係になっている」など、『パラスト①』の内容を実際の英文で確認してみる。ただ、"模範解答"はないので、あまり深入りはせず、適用トレーニングの"お試し版"と思って気楽に取り組めばよい。

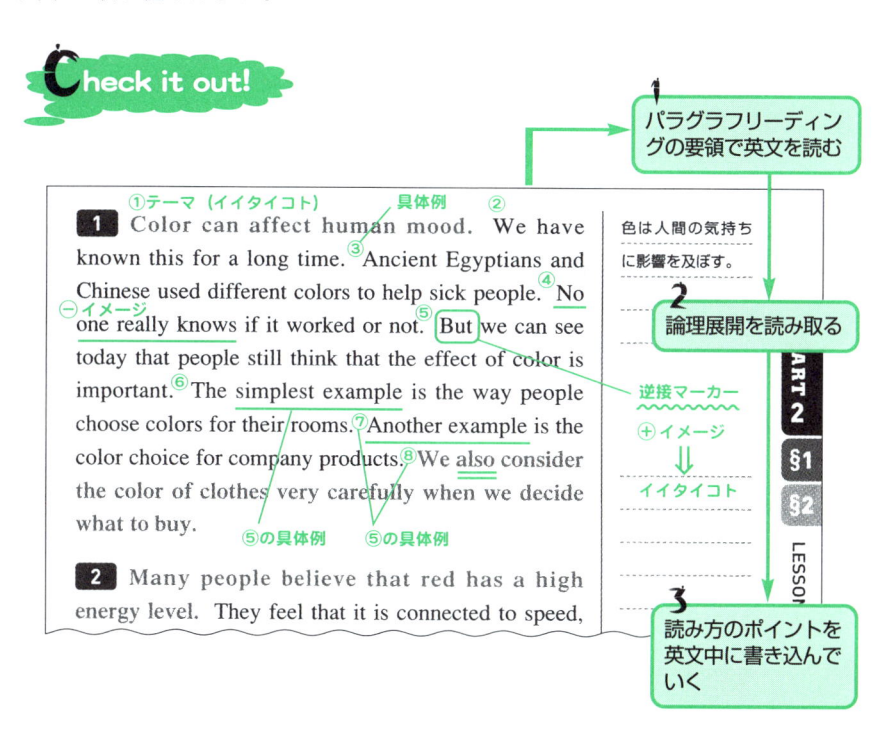

Check it out!

1　① テーマ（イイタイコト）　具体例 ②
Color can affect human mood. We have known this for a long time. ③ Ancient Egyptians and Chinese used different colors to help sick people. ④ No one really knows if it worked or not. ⑤ But we can see today that people still think that the effect of color is important. ⑥ The simplest example is the way people choose colors for their rooms. ⑦ Another example is the color choice for company products. ⑧ We also consider the color of clothes very carefully when we decide what to buy.
（− イメージ／⑤の具体例／⑤の具体例／逆接マーカー）

色は人間の気持ちに影響を及ぼす。

2　Many people believe that red has a high energy level. They feel that it is connected to speed,

1. パラグラフリーディングの要領で英文を読む
2. 論理展開を読み取る
   （＋ イメージ ⇩ イイタイコト）
3. 読み方のポイントを英文中に書き込んでいく

実力を伸ばす ! 『パラスト①』の使い方　95

STEP ❹ 「論理マーカー」の働きを例題と解説で理解する

パート2　所要時間 60分

　パート2（p.64〜115）では、英文の論理展開を追うときの目印となる5つの「論理マーカー」の働きを、短めの例文と解説を通して理解する。パート1で習得したパラグラフリーディングの読み方を、さらに的確で洗練されたものにするのが、ここでの大きな狙いだ。

　パート2は、全体で1週間かけて取り組む。最初の「対比・逆接マーカー」は少し分量が多いので2日間かける。そのあとの4つのマーカーは1つにつき1日かけ、残りの1日は別冊「論理マーカーの一覧」を見ながら、論理マーカーの種類と語句を、復習を兼ねて覚える（下表）。

1日目	2日目	3日目	4日目	5日目	6日目	7日目
対比・逆接マーカー p.64〜82		具体例マーカー p.83〜88	言い換えマーカー p.89〜95	追加マーカー p.96〜104	因果マーカー p.105〜115	別冊論理マーカー一覧

POINT 1 ● 「論理チャート」を書いて理解の定着を図る

　パート2では、論理マーカーの説明のあとに例題とその解説が続き、「論理チャート」と「全訳例」が載っている。とにかく読んで理解することに集中するだけだが、解説の内容をきちんと理解できているかを確認するために、最後にもう一度例題を読み、自分で「論理チャート」を書いてみてほしい。

　自分で書く「論理チャート」は、本冊と同じように必ずキーとなる「論理マーカー」（例題では太字になっている）を書き込み、その前後の文章の関係（逆接・対比・因果など）を明確にする。「全訳」ではなく、論理展開の流れを箇条書きでメモするだけなので、時間をかける必要はない。

Check it out!

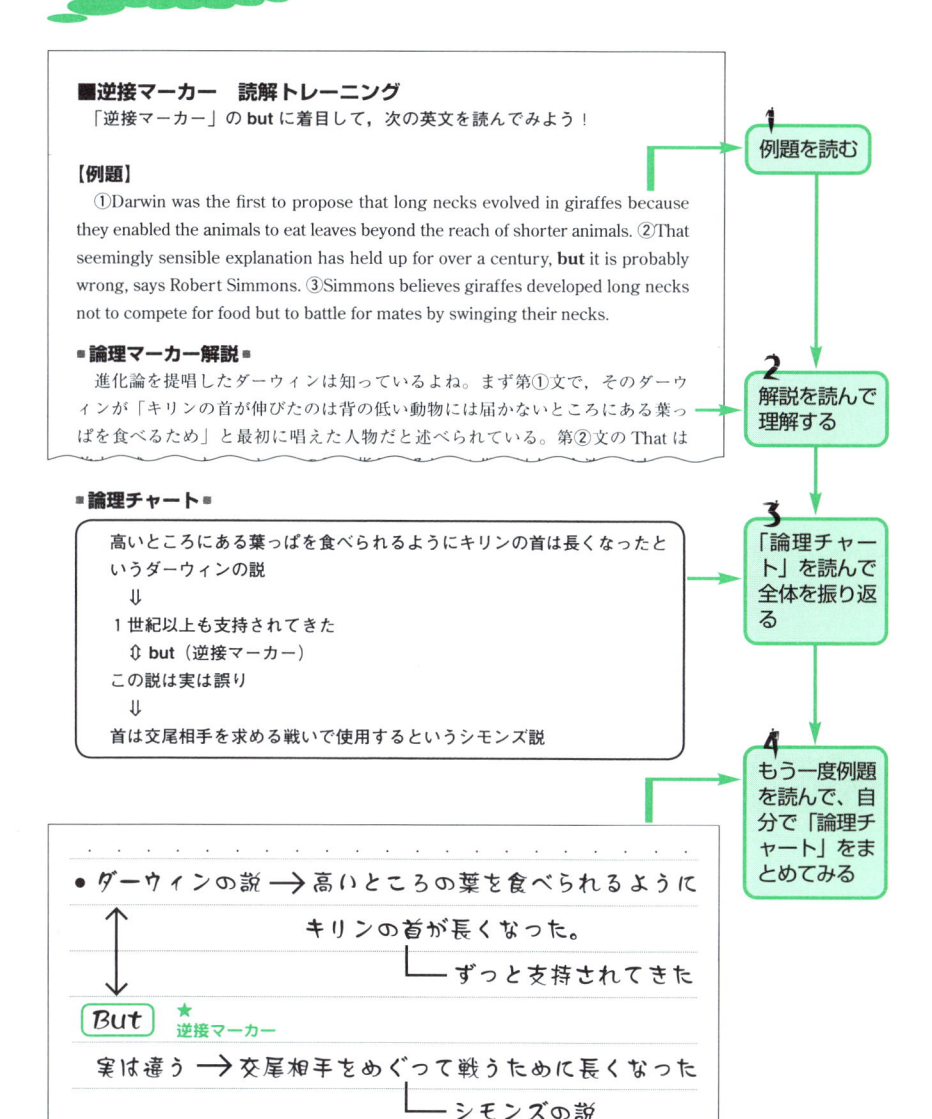

■逆接マーカー　読解トレーニング
「逆接マーカー」の **but** に着目して，次の英文を読んでみよう！

【例題】
　①Darwin was the first to propose that long necks evolved in giraffes because they enabled the animals to eat leaves beyond the reach of shorter animals. ②That seemingly sensible explanation has held up for over a century, **but** it is probably wrong, says Robert Simmons. ③Simmons believes giraffes developed long necks not to compete for food but to battle for mates by swinging their necks.

■論理マーカー解説■
　進化論を提唱したダーウィンは知っているよね。まず第①文で，そのダーウィンが「キリンの首が伸びたのは背の低い動物には届かないところにある葉っぱを食べるため」と最初に唱えた人物だと述べられている。第②文の That は

■論理チャート■
高いところにある葉っぱを食べられるようにキリンの首は長くなったというダーウィンの説
　⇩
1 世紀以上も支持されてきた
　⇕ but（逆接マーカー）
この説は実は誤り
　⇩
首は交尾相手を求める戦いで使用するというシモンズ説

1. 例題を読む
2. 解説を読んで理解する
3. 「論理チャート」を読んで全体を振り返る
4. もう一度例題を読んで、自分で「論理チャート」をまとめてみる

- ダーウィンの説 → 高いところの葉を食べられるようにキリンの首が長くなった。
　　　　　　　　　└─ ずっと支持されてきた
　↕
  [But] ★逆接マーカー
　実は違う → 交尾相手をめぐって戦うために長くなった
　　　　　　　　　└─ シモンズの説

実力を伸ばす！『パラスト①』の使い方

POINT 2 ● 「種類・意味・品詞」のセットで覚える

　パート2では、「○○マーカーの一覧」と題されたセクションがある。ここは、例文と解説を読んで各マーカーの働きを理解したあと、赤いカコミの中のマーカーを整理して覚えることに集中する。

　各マーカーは、意味を知っているからといって読み飛ばさず、そのマーカーの種類と品詞を合わせて整理しておく。たとえば、however（しかし）は「逆接マーカー」（種類）として働くことがあり、「副詞」（品詞）であることを整理して頭に入れておく。

　品詞は、解釈の手がかりや問題を解く際のヒントになることも多いので、覚えておいて損をすることはない（ただし、品詞が1つとは限らない。though（…だけれど）は接続詞と副詞の両方の用法がある）。品詞を手がかりに正解を絞り込む解法テクニックについては、パート3の「空所補充・パラフレーズ問題の解法ストラテジー」で詳しく解説されているので、先にざっくり読んでおくとその重要性を実感できるだろう。

　ちなみに、最初に出てくる「等位接続詞」と「従属接続詞」の違いについては、「全体イメージ」と「ワンポイント解説」で説明されているが、「そういうものか」と理解する程度でよく、用語自体を暗記する必要はない。

Check it out!

> 「論理マーカー」に着目して例文を読む

【逆接マーカーの例文】
①In Japan, it is not bad manners to slurp while eating soup or noodles. ②In Western countries, **however**, making noise while eating is considered most uncivilized.

2 例文と照合しながら解説を読む
3 重要そうなところに下線を引く

◆ワンポイント解説◆

however は副詞の「逆接マーカー」として働く。but や although と違い<u>副詞</u>だから<u>通例コンマで切って，文頭で用いたり，挿入されたりすることに注意</u>しよう。この文では however が挿入で使われている。「食事の際に音を立てていいか」という事柄に対して，「日本では食事中に音を立ててもいい（not bad manners）」のに対し「西洋ではダメ（most uncivilized）」という文意の逆転が，「逆接マーカー」の however の前後で起きていることを読みとろう。

4 訳例を読んで内容を確認する

訳例

①日本ではスープを飲んだり麺類を食べている時に，音をたてることは行儀の悪いことではない。②しかし，西洋の国々では食べている時に音をたてることは非常に失礼なことだと考えられている。

5 マーカーの種類と品詞、意味を確認していく

品詞　　　　　　　　　種類
副詞（句）の対比・逆接マーカー

＜対比マーカー＞
on the other hand（一方）　**in[by] contrast**（対照的に）
＜逆接マーカー＞
however（しかしながら）　**though**（しかしながら）
nevertheless（それにもかかわらず）　**nonetheless**（それにもかかわらず）
on the contrary（その反対に）　**to the contrary**（その反対に）
contrariwise（その反対に）　**conversely**（逆に）　**oppositely**（逆に）
still（それでも）　**all the same**（それにもかかわらず）
at the same time（けれども）

（注1）on the other hand は，on the one hand ～，on the other hand...（一方～他方…）という形で用いられる場合がある。
（注2）セミコロン（；）も「対比マーカー」として用いられる場合がある。次の例で確認しておこう。

7 （注）にも大切なことが書かれているので必ず読む
6 知らない単語（語句）をマーキングして覚える

実力を伸ばす！『パラスト①』の使い方　99

STEP ❺ 別冊「論理マーカーの一覧」で知識の復習・整理をする　所要時間⏳90分

　パート2の「5つのマーカー」を6日間で終えたら、最後の1日は別冊に載っている「論理マーカーの一覧」での復習と知識の整理に充てる。

　本冊の該当ページが記されているので、不安な項目や忘れていたことがあれば、適宜本冊の解説を読み直して整理・確認しておく。一度ざっと目を通して本冊の内容を思い出したら、残りの時間で「論理マーカー」を覚える。

　前述したように、「論理マーカー」は「種類・意味・品詞」をセットにして覚える。確実に暗記してから適用トレーニングを積めば、意識せずとも、自然にパラグラフリーディングができるようになる。いまはあまりピンとこなくても、その効用はパート3やステージ4での適用トレーニングで実感できるので、面倒くさがらずに暗記しておこう。

Check it out!

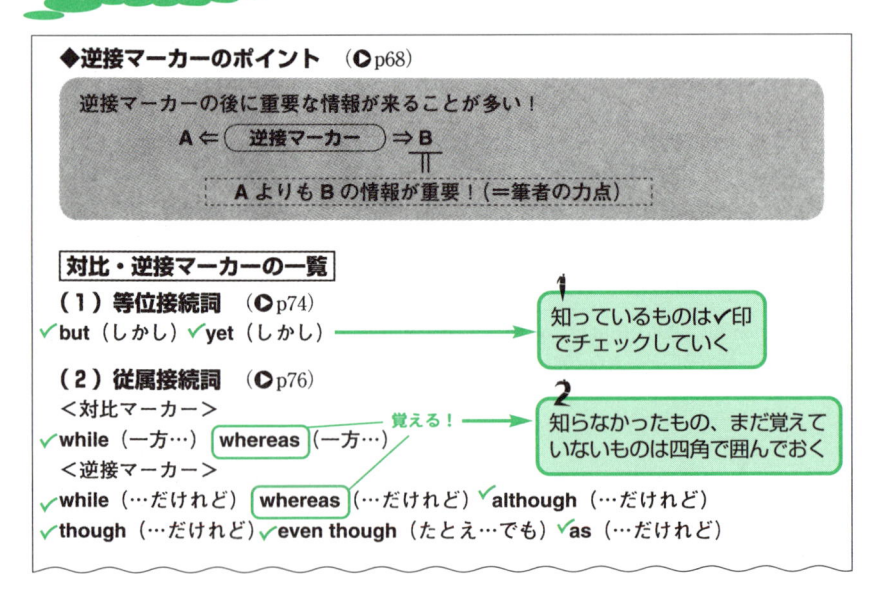

◆逆接マーカーのポイント （▶p68）

逆接マーカーの後に重要な情報が来ることが多い！

A ⇐ 逆接マーカー ⇒ B
　　　　　　　　　　‖
　　　AよりもBの情報が重要！（＝筆者の力点）

対比・逆接マーカーの一覧

（1）等位接続詞 （▶p74）
✓but（しかし）　✓yet（しかし）

→ 1 知っているものは✓印でチェックしていく

（2）従属接続詞 （▶p76）
＜対比マーカー＞
✓while（一方…）　□whereas（一方…）　覚える！
＜逆接マーカー＞
✓while（…だけれど）　□whereas（…だけれど）　✓although（…だけれど）
✓though（…だけれど）　✓even though（たとえ…でも）　✓as（…だけれど）

→ 2 知らなかったもの、まだ覚えていないものは四角で囲んでおく

STEP ❻ 辞書を使わずに英文を読み、自力で問題を解く

パート 3　所要時間 2～12分

　パート3では、長文問題の典型的な4つの設問タイプ（空所補充・パラフレーズ問題、内容一致問題、説明問題、要約問題）について、実際に問題を解きながら、読解のコツや解法のポイントなどの知識を総合的に習得していく。

　パート3も1週間で消化するメニューを組む。『速特基』の復習は「1日目」に終了するので、「1日90分」をまるまる充てる。4つの設問別解法は、原則的に「2日で1つ」のペースで3つを進め、最後の「要約問題の解法ストラテジー」は分量が少ないので1日で終える（下表）。

1日目	2日目	3日目	4日目	5日目	6日目	7日目
空所補充・パラフレーズ問題 p.118～141		内容一致問題 p.142～170		説明問題 p.171～186		要約問題 p.187～200

　4つの設問タイプのうち、「説明問題」や「要約問題」は国公立大学でよく見られる記述問題だが、私立大学を狙う人も含めすべての人が取り組んでほしい。というのも、どちらの設問タイプも、パラグラフリーディングの読み方・考え方を適用して解くのがコツであり、解法のポイントを知ることによって、パラグラフリーディングをより洗練させる効用があるからだ。

　パート3では、冒頭の解説を読んだあと、「チャレンジ問題」（空所補充・パラフレーズ問題）や「ストラテジートレーニング」（内容一致問題、説明問題、要約問題）を解いてから解説を読むスタイルで進める。辞書を使わずに英文を読み自力で問題を解く。制限時間は特に意識しなくてもよいが、解説の理解に重点を置きたいので、ダラダラ時間をかけない。103ページに語数と制限時間の目安を掲載したので参考にしてほしい。

POINT ● **パラグラフリーディングの手法で読む**

「空欄補充・パラフレーズ問題」では「チャレンジ問題」と題された短めの英文が8題あり、他は「○○問題のストラテジートレーニング」と題された長文が1題ずつある（後者はあらかじめコピーしておく）。

英文を読むときは、パート1とパート2で習得したパラグラフリーディングの考え方や読み方を適用して読む。パート1の「ポイントの総整理」（p.61）を再確認してから読むのもよい。長い英文はコピーしたものを使い、読みながら、あるいは解説と照合しながら適宜書き込みを入れていく。

Check it out!

説明問題のストラテジートレーニング

それではこれまでの解法ストラテジーを用いて，実際の大学入試問題にチャレンジしてみよう。

次の英文を読み，設問に答えなさい。（広島大学・改）

> パート1、2で学んだ知識を使って読む

¶1 ①When Hideo Nomo of the Los Angeles Dodgers pitched a no-hitter against the Colorado Rockies, it created quite a stir in both the United States and Japan. ②Someone even described Nomo as the United States' best Japanese import. ③The Japanese media reported the U.S. reaction with great delight. ⊕

¶2 ①(a)This is all very gratifying, but Americans are not as conscious of Nomo being Japanese as the Japanese think they are. ②It would only be a slight exaggeration to say that Americans tend to regard everyone living or working in the United States as American.

¶3 ①There are (b)two reasons for this. ②First, the U.S. sports world is full of foreigners. ③Many professional baseball players are from Cuba, Mexico and South America, where baseball can be played all year round. ④The second reason can be found in the rules of a multi-ethnic society, where, to avoid the appearance of discrimination, it is safer not to refer to a person's race or country of origin.

> 読みながら書き込んだ印の例
> ⊕：イメージ
> ⊖：イメージ
> ☐：論理マーカー

● パート3の問題の語数・制限時間の目安

	問題（ページ数）	語数	制限時間の目安
空所補充・パラフレーズ問題の解法ストラテジー	チャレンジ問題1（p.120）	66words	3分
	チャレンジ問題2（p.122）	42words	2分
	チャレンジ問題3（p.124）	90words	3分
	チャレンジ問題4（p.126）	57words	3分
	チャレンジ問題5（p.130）	33words	2分
	チャレンジ問題6（p.131）	21words	2分
	チャレンジ問題7（p.133）	27words	2分
	チャレンジ問題8（p.134）	57words	2分
内容一致問題の解法ストラテジー	内容一致問題のストラテジートレーニング（p.160）	267words	10分
説明問題の解法ストラテジー	説明問題のストラテジートレーニング（p.181）	161words	10分
要約問題の解法ストラテジー	要約問題のストラテジートレーニング（p.194）	281words	12分

STEP ❼ 解説を読んで解法のポイントを吸収する　所要時間 60～70分

問題を解き終えたら、解説を読んで解法のポイントやテクニックを吸収していく。長い英文（「○○問題のストラテジートレーニング」）は、コピーしたものを手元に置きながら「ストラテジー解説」や「パラグラフリーディング解説」を読み進めよう。

POINT 1 ● 着眼点や論理展開の流れを英文に書き込む

「論理マーカー」の前後の展開や各パラグラフでの要旨など、解説で強調されていることは、コピーした英文に書き込んでいく。実際に英文を読む際の"目のつけどころ"や"頭の働かせ方"を、視覚的に確認しながら刷り込んでいくことで、より実戦的な読み方ができるようになる。

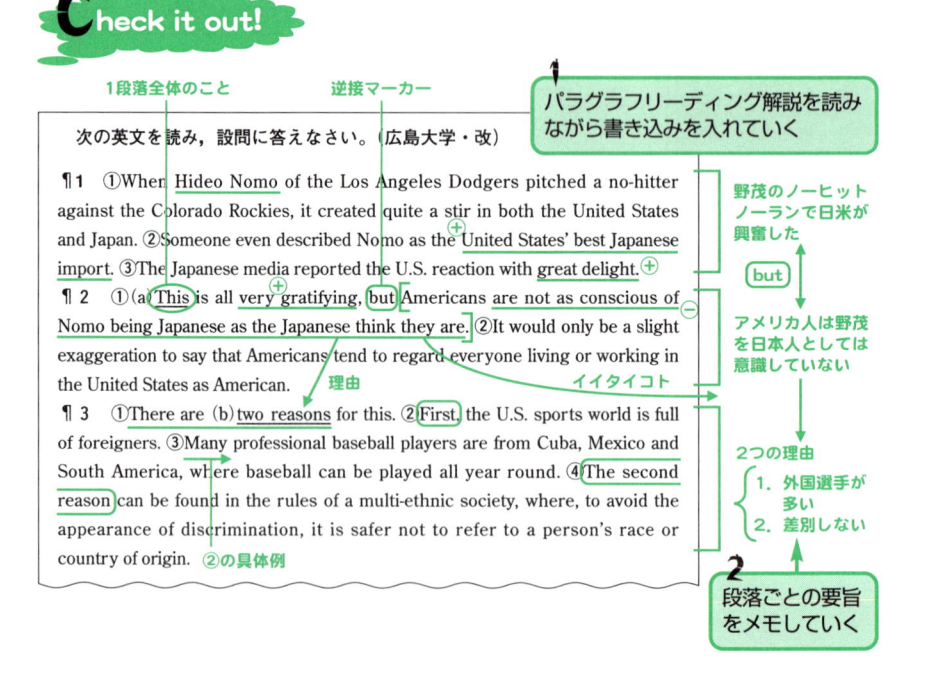

Check it out!

1段落全体のこと　　　逆接マーカー

1 パラグラフリーディング解説を読みながら書き込みを入れていく

次の英文を読み，設問に答えなさい。（広島大学・改）

¶1　①When Hideo Nomo of the Los Angeles Dodgers pitched a no-hitter against the Colorado Rockies, it created quite a stir in both the United States and Japan. ②Someone even described Nomo as the United States' best Japanese import. ③The Japanese media reported the U.S. reaction with great delight.

→ 野茂のノーヒットノーランで日米が興奮した

but

¶2　①(a)This is all very gratifying, but Americans are not as conscious of Nomo being Japanese as the Japanese think they are. ②It would only be a slight exaggeration to say that Americans tend to regard everyone living or working in the United States as American.　理由　　　　　イイタイコト

→ アメリカ人は野茂を日本人としては意識していない

¶3　①There are (b)two reasons for this. ②First, the U.S. sports world is full of foreigners. ③Many professional baseball players are from Cuba, Mexico and South America, where baseball can be played all year round. ④The second reason can be found in rules of a multi-ethnic society, where, to avoid the appearance of discrimination, it is safer not to refer to a person's race or country of origin.　②の具体例

→ 2つの理由
1. 外国選手が多い
2. 差別しない

2 段落ごとの要旨をメモしていく

POINT 2● 「解法ストラテジー」を頭に入れて解説を読む

　パート３の「ストラテジー解説」では、それぞれにテーマが設定されている。それを簡潔に記したのが、赤で囲まれた「○○問題の解法ストラテジー」である。ここをしっかり押さえておくと、このあとの解説を読んだときに、個々の解法が頭に残りやすくなる。

　「○○問題の解法ストラテジー」と「ストラテジー解説」は、言ってみれば「抽象→具体」の構成になっている。これを意識して読むことで、解説の内容を消化しやすくなり、知識の整理にも役立つ。

Check it out!

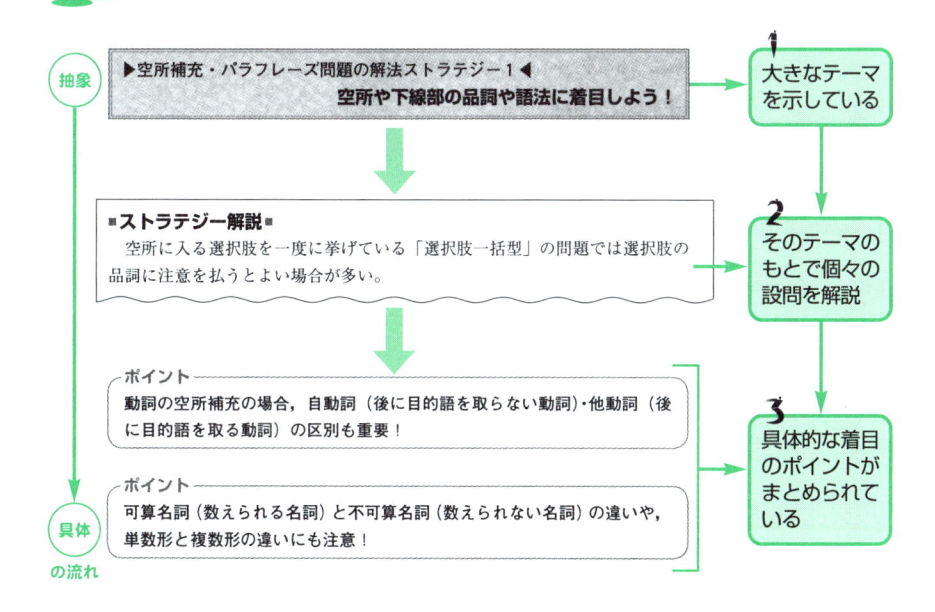

抽象

▶空所補充・パラフレーズ問題の解法ストラテジー１◀
空所や下線部の品詞や語法に着目しよう！

→ 1 大きなテーマを示している

■**ストラテジー解説**■
　空所に入る選択肢を一度に挙げている「選択肢一括型」の問題では選択肢の品詞に注意を払うとよい場合が多い。

→ 2 そのテーマのもとで個々の設問を解説

ポイント
動詞の空所補充の場合，自動詞（後に目的語を取らない動詞）・他動詞（後に目的語を取る動詞）の区別も重要！

ポイント
可算名詞（数えられる名詞）と不可算名詞（数えられない名詞）の違いや，単数形と複数形の違いにも注意！

→ 3 具体的な着目のポイントがまとめられている

具体 の流れ

実力を伸ばす❗『パラスト①』の使い方

POINT 3● 「知識整理コーナー」は細かくチェック！

「内容一致問題の解法ストラテジー」（p.147～159）は、パート3の中でもっとも力が入っている項目である。ここでは、出題者視点での「選択肢の作り方」や「ひっかけポイント」などが説明され、具体的な着眼ポイントを「リーズニングパターン」（1～6）として示して詳しく解説する。

これらは内容一致問題以外でも応用が利くので、気合を入れて読んでほしい。「知識整理コーナー」では、特に、否定表現をまとめたコーナー（p.152～153）が有用で、知らなかった表現はすべて覚えておく。

Check it out!

▶内容一致問題の解法ストラテジー3◀
リーズニングのパターンを知れ！

1 ここは重要なのでしっかり読む

↓

リーズニングパターン1　出題者が選択肢の○×をどう作っているかを知れ！

2 出題者側の視点から問題の作られ方を押さえる

↓

リーズニングパターン3　否定表現に注意せよ！

↓

知識整理コーナー　〈否定表現の整理〉

(1) 全否定
- ☑ no（…ない = not any）
- ☑ nothing（何も…ない）
- ☑ nobody（誰も…ない）
- ☑ no one（誰も…ない）
- ☑ none（何一つ…ない・誰一人…ない）
- ☑ neither（どちらも…ない = not either）

(2) 部分否定
＊「…とは限らない・…というわけではない」と訳すもの。
- ☑ not all（すべて…とは限らない）
- ☑ not every（すべて…とは限らない）
- ☑ not both（両方とも…とは限らない）
- ☑ not always（常に…とは限らない）
- ☐ not necessarily（必ずしも…とは限らない）
- ☐ not quite（全く…とは限らない）

3 知っているものは✔印でチェックし、知らないものは印をつけて覚える

STEP ❽ 英文をもう一度読み、解法のポイントを確認する　所要時間 3〜10分

　最後にもう一度英文を読み、自分で答えを出す。「〇〇問題のストラテジートレーニング」は、本冊の"書き込みのない英文"を読み、「パラグラフリーディング解説」の内容を頭の中で整理していく。

POINT ● "解説と同じ視点"で英文を読み、問題を解く

　ここでは、解説で書かれていた通りの読み方、解き方ができているかを確認するのがポイントだ。問題を解くときも同様で、解説（筆者）の思考回路をそっくり"移植"し、その移植した脳で問題を解く感覚をイメージで、もう一度問題と向き合うのである。これは、ステージ4の『パラスト②』『パラスト③』を使った総合問題演習でもまったく同じだ。

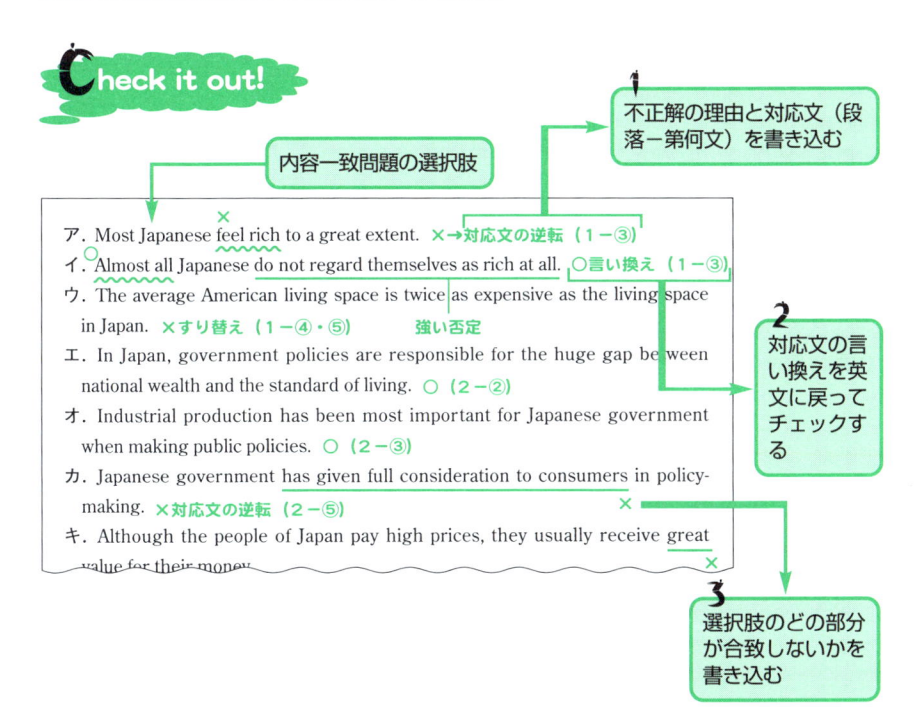

Check it out!

1 不正解の理由と対応文（段落−第何文）を書き込む

内容一致問題の選択肢

ア．Most Japanese feel rich to a great extent.　×→対応文の逆転（1−③）
イ．Almost all Japanese do not regard themselves as rich at all.　○言い換え（1−③）
ウ．The average American living space is twice as expensive as the living space in Japan.　×すり替え（1−④・⑤）　強い否定
エ．In Japan, government policies are responsible for the huge gap between national wealth and the standard of living.　○（2−②）
オ．Industrial production has been most important for Japanese government when making public policies.　○（2−③）
カ．Japanese government has given full consideration to consumers in policy-making.　×対応文の逆転（2−⑤）
キ．Although the people of Japan pay high prices, they usually receive great value for their money.

2 対応文の言い換えを英文に戻ってチェックする

3 選択肢のどの部分が合致しないかを書き込む

メイン ステージ4

パラグラフリーディングのストラテジー②実戦編 私立大対策／
③実戦編 国公立大対策（河合出版）略称『パラスト②』『パラスト③』

総合問題演習で仕上げる！

基本データ

強化POINT● パラグラフリーディングの完全習得
ボリューム ● 40題（2冊計）
長文の語数 ● 約12,000語（2冊計）
使用期間 ● 8週間（2冊計、復習込み）

この本を使う目的

速読方法論の適用トレーニングを実戦的な総合問題形式で！

　ステージ4での目的は大きく3つある。1つはステージ3で習得したパラグラフリーディングを「使えるようにする」ための適用トレーニング、もう1つは、これもステージ3の最後（『パラスト①』のパート3）で習得した設問タイプ別解法の適用トレーニングである。さらに、読解と解法を統合した"実戦慣れ"をつくることが最後の目的である。《入試英語力》の総仕上げとしての「総合問題演習」がステージ4の位置付けである。

　参考書は『パラスト①』の姉妹編である『パラスト②』と『パラスト③』の2冊を使い、実戦形式の入試問題を40題解きながら「読む」と「解く」をリンクさせた総合読解力の向上を目指す。

イチオシPOINT "シリーズ物"としての使い勝手のよさが活きる！

『パラスト②』『パラスト③』は、紙面構成が『パラスト①』をほぼ踏襲しているので使い勝手がよく、戸惑うことなく取り組めるのが大きなメリットである。問題は別冊に収録され、早稲田大学や慶應大学、一橋大学、東京大学など、難関大学の入試問題（改題を含む）も取り混ぜた良問で構成される。

本冊の解説も『パラスト①』を踏襲している。「論理マーカー」を起点とする論理展開の解説、「論理チャート」によるまとめなどは、いきなり触れる人は取っつきにくいが、『パラスト①』で慣れている人には違和感なく取り組め、効率的な学習が可能になる。まさに"シリーズ物"の強みだ。

使い方ダイジェスト 全40題を復習込みで8週間、『速特セン』の復習も並行！

『パラスト②』と『パラスト③』には20題ずつ、計40題の入試問題が掲載されている。まずは、6週間で2冊計40題を消化する。その際、最初の18日間は『速特セン』の総復習を組み込む（85ページ参照）。後半の約2週間（15日間）は「1日2〜3題」のペースで総復習をする。

『パラスト②』と『パラスト③』は、順番に進めるのではなく、2冊に収録されている問題を交互に解く（次ページの「全体スケジュール」参照）。これは、英文の語数や難易度、設問タイプのバランスを考慮し、できるだけ"段差"をつくらず、スムーズに勉強を進行させるためである。

使い方はいたってシンプルで、長文問題集を解く感覚で普通に取り組めばよい。ただ、「答え合わせをして、間違えた設問だけ解説を読んで終わり」ではないので注意してほしい。

ひと目で分かる！『パラスト②』『パラスト③』の使い方

●ねらい●●●

①パラグラフリーディング・解法の適用トレーニング
②読解・解法両面での"実戦慣れ"をつくる

●達成目標●●●

意識せずにパラグラフリーディングができるようになる

●進行ペース●●●

8週間（2冊計40題を6週間、総復習15日間）
＊初期18日間は『速特セン』の総復習を並行させる

●勉強時間の目安●●●

1日60〜120分

●全体スケジュール（8週間）●●●

	月	火	水	木	金	土	日
1週目	②パート1（5日間）					②パート2	
	『速特セン』の総復習						
2週目	②パート2（計10日間）						
	『速特セン』の総復習						
3週目	②パート2	③パート1	③パート2				
	『速特セン』の総復習（計18日間）						
4週目	③パート2（計10日間）					②パート3	
5週目	②パート3（計5日間）			③パート3			
6週目	③パート3（計10日間）						
7・8週	総復習（15日間）						

（注1）②は『パラスト②』、③は『パラスト③』の略。

●勉強法フローチャート●●●

＊『パラスト②』『パラスト③』共通

6週間

STEP ❶ 辞書を使わずに英文を読んで問題を解く　　　▶▶p. 113

STEP ❷ 答え合わせをして「設問解説」をざっと読む　　▶▶p. 114

STEP ❸ 「パラグラフリーディング解説」を読んで理解する　▶▶p. 116

STEP ❹ 「設問解説」を読み直して解法のポイントを整理する　▶▶p. 118

STEP ❺ もう一度英文を読んで、解説の内容を思い出す　▶▶p. 120

総復習15日間

別冊「問題編」を解いて、解法のポイントを再確認する　▶▶p. 120

和田式 "手取り足取り" 解説　パラグラフリーディングのストラテジー②/③

始める前の注意点

1．志望校に関係なく、すべての問題に取り組む

『パラスト②』と『パラスト③』は、いずれも3つのパートからなり、2冊合わせて40題ある（下表）。前者が「私立大対策」、後者が「国公立大対策」をうたっているが、志望校の入試傾向に関係なくすべての問題に取り組む。

内容一致問題であろうが要約問題であろうが、問題を解くときには、「論理マーカー」から内容を推測したり、段落の要旨を素早く把握したりする"作業"をともなう。ここでは、さまざまなタイプの問題を「解く」ことが、パラグラフリーディングの習熟レベルを高めることにつながるのだ。

	パート1	パート2	パート3
『パラスト②』	ベーシックレベル問題 （5題）	スタンダードレベル問題 （10題）	ハイレベル問題 （5題）
『パラスト③』	下線部和訳問題の解法 （本冊・解説のみ）	中文総合問題 （10題）	長文総合問題 （10題）

2．別冊「問題編」をあらかじめコピーしておく

問題は本冊から切り離して使える別冊にまとまっているが、すべての問題を事前にコピーしておこう。問題を解いたり解説を読んだりするときには、コピーしたものを使って書き込みを入れる。

別冊の問題は手をつけずに残しておき、最後の総復習で問題を解き直すときに使う（書き込みのある英文を読んでも定着の確認にならないため）。

いざ勉強をスタート！

《適用トレーニング2》

STEP ❶ 辞書を使わずに英文を読んで問題を解く　　所要時間 ⏳10～50分

　ステージ4では、2冊の参考書を交互に使っていくので、混乱しないようにコピーした問題編を進行順に並べ直しておくとよい。115ページに、進めていく問題の順序と制限時間の目安を掲載したので参考にしてほしい。

　制限時間の目安は「初見用」と「復習用」に分けているが、ここでは「初見用」の設定を目標に、辞書を使わずに問題を解く。『パラスト①』で習得した考え方を適用しながら読み、書き込みも適宜入れていく。

POINT ● "考え方の痕跡"を残しておく

　設問を解く際は、「どう考えて答えを出したか」がわかるような書き込みを残しておく。たとえば、「どこまで選択肢を絞り込めたか」「答えにどれだけ自信があるか」などを記号化して残す（下図参照）。こうすると、あとで解説を読んだときに、自分の考え方のまずかった点や正解にいたるまでの"考え方のプロセス"がより明確になり、吸収力が高まるからである。

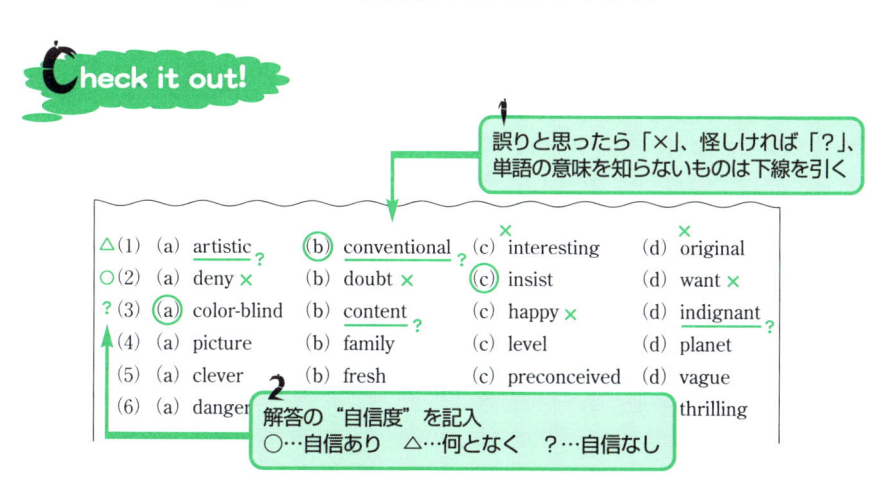

Check it out!

誤りと思ったら「×」、怪しければ「？」、単語の意味を知らないものは下線を引く

```
△(1)  (a) artistic      (b) conventional ×   (c) interesting ×   (d) original
○(2)  (a) deny ×        (b) doubt ×          (c) insist          (d) want ×
?(3)  (a) color-blind   (b) content ?        (c) happy ×         (d) indignant ?
 (4)  (a) picture       (b) family           (c) level           (d) planet
 (5)  (a) clever        (b) fresh            (c) preconceived    (d) vague
 (6)  (a) danger                                                 thrilling
```

解答の"自信度"を記入
○…自信あり　△…何となく　？…自信なし

実力を伸ばす❗『パラスト②』『パラスト③』の使い方

STEP ❷ 答え合わせをして「設問解説」をざっと読む　所要時間 2〜5分

問題を解き終えたら、本冊の「解答」を見て軽く答え合わせをする。下線部訳などの記述問題は、あとで細かく見ていくので、ここでは正解の内容を確認する程度でよい。そのあと「設問解説」をざっと読むが、ここも、のちほどじっくり読み込むので、流し読みする程度でかまわない。

POINT ● 「設問解説」に"重要度"の印を入れる

「設問解説」は、あとで読み直すことを考えて"重要度"を示す記号を書き込んでおくとよい。たとえば、不正解だった設問に×印、たまたま正解したものの根拠がわからない設問に△印、解説と同じような考え方で正解できた設問に○印をつけておく。

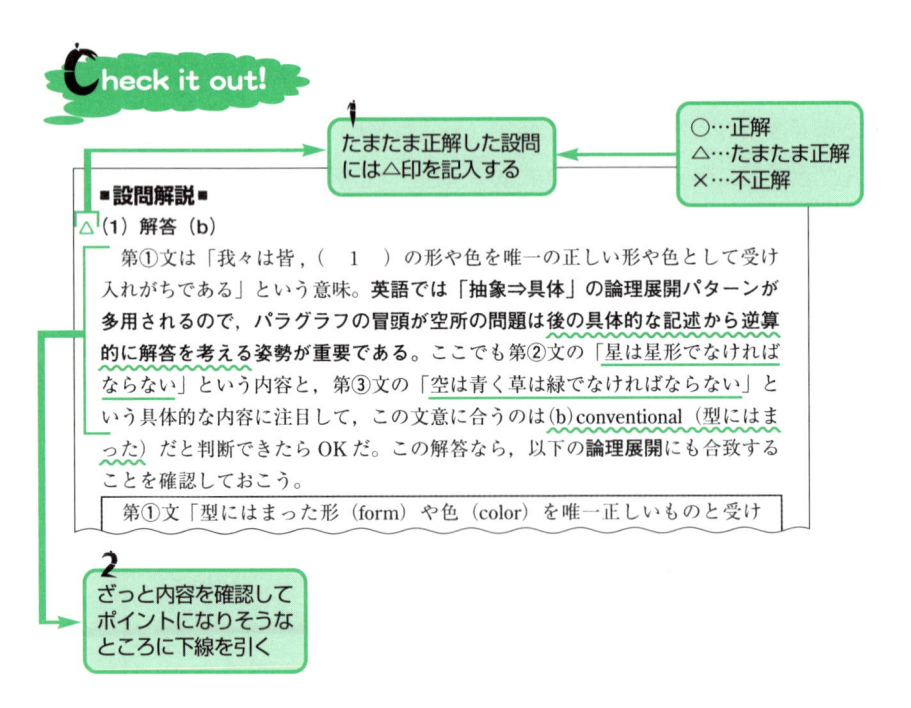

Check it out!

○…正解
△…たまたま正解
×…不正解

→ たまたま正解した設問には△印を記入する

■設問解説■
△(1) 解答（b）

　第①文は「我々は皆,（　1　）の形や色を唯一の正しい形や色として受け入れがちである」という意味。英語では「抽象⇒具体」の論理展開パターンが多用されるので，パラグラフの冒頭が空所の問題は後の具体的な記述から逆算的に解答を考える姿勢が重要である。ここでも第②文の「星は星形でなければならない」という内容と，第③文の「空は青く草は緑でなければならない」という具体的な内容に注目して，この文意に合うのは(b) conventional（型にはまった）だと判断できたらOKだ。この解答なら，以下の論理展開にも合致することを確認しておこう。

第①文「型にはまった形（form）や色（color）を唯一正しいものと受け

→ ざっと内容を確認してポイントになりそうなところに下線を引く

●ステージ4の進行表・制限時間の目安

使用参考書	進行順 (問題番号)	制限時間の目安		期間
		初見用	復習用	
『パラスト②』 パート1 ベーシックレベル問題	[1]	10分	6分	5日間
	[2]	10分	6分	
	[3]	10分	6分	
	[4]	15分	10分	
	[5]	12分	8分	
『パラスト②』 パート2 スタンダードレベル問題	[1]	10分	6分	10日間
	[2]	10分	6分	
	[3]	12分	8分	
	[4]	12分	8分	
	[5]	12分	8分	
	[6]	12分	8分	
	[7]	12分	8分	
	[8]	15分	10分	
	[9]	15分	10分	
	[10]	25分	18分	
『パラスト③』パート1（問題はなし、解説のみ）				1日
『パラスト③』 パート2 中文総合問題	[1]	14分	8分	10日間
	[2]	14分	8分	
	[3]	14分	8分	
	[4]	14分	8分	
	[5]	14分	8分	
	[6]	20分	12分	
	[7]	20分	12分	
	[8]	18分	10分	
	[9]	20分	12分	
	[10]	25分	15分	
『パラスト②』 パート3 ハイレベル問題	[1]	18分	12分	5日間
	[2]	18分	12分	
	[3]	25分	18分	
	[4]	30分	25分	
	[5]	30分	25分	
『パラスト③』 パート3 長文総合問題	[1]	40分	25分	10日間
	[2]	40分	25分	
	[3]	40分	25分	
	[4]	40分	25分	
	[5]	40分	25分	
	[6]	40分	25分	
	[7]	45分	30分	
	[8]	45分	30分	
	[9]	50分	35分	
	[10]	45分	30分	

STEP ❸ 「パラグラフリーディング解説」を読んで理解する　　所要時間 10〜25分

次に「パラグラフリーディング解説」を読んで、文章構成や論理展開を整理する。解説と同じような考え方で英文を読めたかどうかをチェックし、見逃していたことは、コピーした英文にどんどん書き込みを加えよう。知らない単語については、別冊の「王道単語リスト」を"辞書代わり"にして調べ、そこで出てこない単語については無視してかまわない。

POINT ● 「論理チャート」と英文の照合作業を行う

ひと通り解説を読んで理解したら、「論理チャート」で論理展開を追いながら、それぞれ英文のどの部分に該当するかを照合する。全体の文章構成を把握しながら、解説の内容を頭の中で復習・再整理するのが目的だ。

Check it out!

1 手元に英文を置いて「パラグラフリーディング解説」を読む

②③は具体例

①We are all inclined to accept (1) forms or colors as the only correct ones. ②Children sometimes think that stars must be star-shaped, though naturally they are not. ③The people who (2) that in a picture the sky must be blue, and the grass green, are not very different from these children. ④They are very (3) if they see other colors in a picture, but if we try to forget all we have heard about green grass and blue skies, and look at the world as if we had just arrived from another (4) on a voyage of discovery and were seeing it for the first time, we may find that things are apt to have the most surprising colors. ⑤Now artists sometimes feel as if they were on such a voyage of

2 解説に沿って読みのポイントを英文に書き込む

but 逆接マーカー
↓
筆者のイイタイコト

■**論理チャート**■

```
我々は型通りの形や色を唯一絶対と考えがち ── ①
  ‖ 具体例  ②        ③
  星は星形と考える子供，空は青色で草は緑色と主張する人
    ⇅ but（逆接マーカー）
  先入観を捨てれば 世界は驚きの色に満ちていることに気づく ── ④″
  ④
  ＝芸術家も型通りの考えと先入観を捨てて世界を新たな視点で眺める ── ⑤⑥
  ・先入観を捨てた芸術家は刺激的な作品を創り出す ── ⑦
  ・芸術家は新しい自然美を教えてくれる ── ⑧
  ・芸術家の視点を持てば日常的な風景も胸躍る冒険になる ── ⑨
```

1　「論理チャート」を読み，それぞれ英文のどこに該当するかを照合する

2　英文の番号を「論理チャート」に書き込む

①We are all inclined to accept (1) forms or colors as the only correct ones.　②Children sometimes think that stars must be star-shaped, though naturally they are not.　③The people who (2) that in a picture the sky must be blue, and the grass green, are not very different from these children.　④They are very (3) if they see other colors in a picture, but if we try to forget all we have heard about green grass and blue skies, and look at the world as if we had just arrived from another (4) on a voyage of discovery and were seeing it for the first time, we may find that things are apt to have the most surprising colors.　⑤Now artists sometimes feel as if they were on such a voyage of discovery.　⑥They want to see the world afresh, and to discard all the accepted notions and prejudices about *flesh being pink and apples yellow or red.　⑦It is not easy to get rid of these (5) ideas, but the artists who succeed best in doing so often produce the most exciting works.　⑧It is they who teach us to see new beauties in nature of whose existence we had never dreamt.　⑨If we follow them and learn from them, even a glance out of our own window may become a (6) adventure.

3　英文だけを読んで「論理チャート」と同じ流れで内容把握ができるかどうかをチェックする

STEP ❹ 「設問解説」を読み直して解法のポイントを整理する　　所要時間 ⏳ 10〜30分

　全体の読み方を確認したら、改めて「設問解説」を読み、解法のプロセスや考え方を理解していく。その際、事前につけておいた記号（○、△、×）を見て、読み方にメリハリをつける。○印は確認する程度、×印と△印はじっくり読み込み、説明されている解法や考え方を"自分のもの"にする。

POINT 1 ● 安易に"語い力不足"と判断しない！

　知らない単語が多いと、「語い力が足りないから解けない」と考えがちだ。しかし、文章構成や論理展開などから類推して答えを出すのがパラグラフリーディングの真骨頂である。その方法論を自力で適用できるようにすることが、ここでの目的であることを忘れないようにしよう。

Check it out!

> ×印や△印の解説はじっくり読んで解法を吸収する

× (3) 解答 (d)

　第④文の They は第③文の The people who ... green（型通りのことを信じる人）を指すので、「型通りのことを信じる人が、もし絵の中で他の色を見ると（　3　）と感じる」という文意を考えると、空所にはマイナスイメージが入るとわかる。よって、プラスイメージの (b) content（満足した）、(c) happy（幸せな）は不可。(a) color-blind（色弱の）は確かにマイナスイメージであるが、ここでは「思いこみ、先入観」の話をしているので、「色弱（実際にその色を見間違っていることになる！）」では意味的に合わないのはすぐにわかるだろう。よって正解は (d) indignant（腹を立てた）である。このように英文の流れや選択肢を「プラス・マイナス」のイメージで大きくつかむことは非常に大切なことである。もちろん、indignant という単語を知らなくても、消去法で考えて正解を割り出せたらそれで OK だ。選択肢にひとつぐらいわからない単語があってもあきらめずに消去法を積極的に用いよう。

△ (4) 解答 (d)

　まず、第④文の we try to forget ... blue skies が、「先入観をすべて忘れ去る

> 2　重要なところに下線を引きながら、考え方や類推の方法を理解する

118

POINT 2 ● 要約問題は「論理チャート」を見ながら添削

『パラスト③』のパート３にある要約問題は、本冊の「解答」とだいたい同じなら正解としてよい。判断しにくいときは「解答」の下の説明と「論理チャート」を見て自分の解答を添削する（改めて書き直す必要はない）。

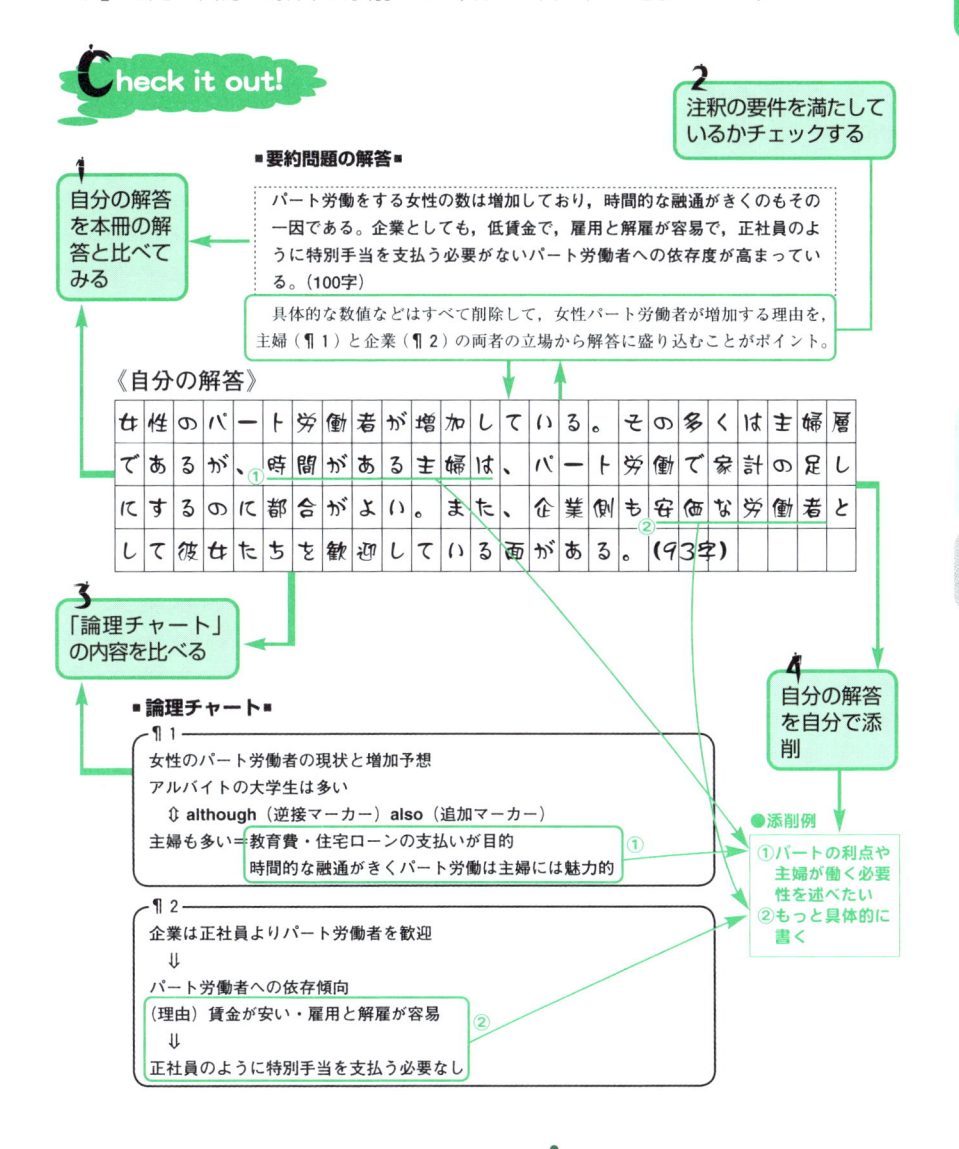

Check it out!

1. 自分の解答を本冊の解答と比べてみる
2. 注釈の要件を満たしているかチェックする
3. 「論理チャート」の内容を比べる
4. 自分の解答を自分で添削

■要約問題の解答■

> パート労働をする女性の数は増加しており，時間的な融通がきくのもその一因である。企業としても，低賃金で，雇用と解雇が容易で，正社員のように特別手当を支払う必要がないパート労働者への依存度が高まっている。（100字）

具体的な数値などはすべて削除して，女性パート労働者が増加する理由を，主婦（¶1）と企業（¶2）の両者の立場から解答に盛り込むことがポイント。

《自分の解答》

女	性	の	パ	ー	ト	労	働	者	が	増	加	し	て	い	る	。	そ	の	多	く	は	主	婦	層
で	あ	る	が	、	①時	間	が	あ	る	主	婦	は	、	パ	ー	ト	労	働	で	家	計	の	足	し
に	す	る	の	に	都	合	が	よ	い	。	ま	た	、	企	業	側	も	安	価	な	労	働	者	と
し	て	彼	女	た	ち	を	歓	迎	し	て	い	る	②面	が	あ	る	。	(93字)						

■論理チャート■

¶1
女性のパート労働者の現状と増加予想
アルバイトの大学生は多い
　　⇕ although（逆接マーカー）also（追加マーカー）
主婦も多い＝教育費・住宅ローンの支払いが目的　①
　　　　　　時間的な融通がきくパート労働は主婦には魅力的

¶2
企業は正社員よりパート労働者を歓迎
　　⇩
パート労働者への依存傾向
（理由）賃金が安い・雇用と解雇が容易　②
　　⇩
正社員のように特別手当を支払う必要なし

● 添削例
① パートの利点や主婦が働く必要性を述べたい
② もっと具体的に書く

STEP ❺ もう一度英文を読んで、解説の内容を思い出す　　所要時間 ⌛ 3〜10分

「設問解説」で解答検討を終えたら、最後に英文を通して読む。文章構成や論理展開に注意しながら、「パラグラフリーディング解説」に書かれていた読み方ができるかどうかをチェックする。

設問にもひと通り目を通し、「設問解説」の内容を思い出しながら、頭の中で解いてみる（紙に書く必要はない）。余裕があれば、知らなかった単語をチェックし、別冊の「王道単語リスト」を活用して覚える。

総復習

別冊「問題編」を解いて、解法のポイントを再確認する　　所要時間 ⌛ 90分

総復習は、1日2〜3題のペースで問題を解き直していく。ただし、問題数が多いので、『パラスト②』のパート1（5題）をカットした残りの35題を15日間で消化するスケジュールを組む（次ページの表を参照）。

総復習では、書き込みのない別冊「問題編」を解いていく。辞書は使わず、制限時間は115ページの「復習用」を目安にする。すでに一度解いて解答検討も終えているので、本来なら全問正解しなければならない。ただ、時間が経って解き方を忘れていることもあるので、間違えた設問については「どう考えて正答を導くか」の解法ポイントを復習して覚え直す。

特に、「1回目は正解できたのに復習で解いたら間違えてしまった」パターンは非常によくないので、「設問解説」と「パラグラフリーディング解説」を念入りに読み込み、徹底的に復習してほしい。

最後に、別冊「王道単語リスト」を見ながら、まだ完全に覚えていない単語をチェックして暗記する。

● **ステージ4の復習スケジュール**

	参考書・パート	問題番号	備考
1日目	『パラスト②』パート2	[1]・[2]・[3]	
2日目		[4]・[5]・[6]	
3日目		[7]・[8]・[9]	
4日目	『パラスト②』パート2 ● 『パラスト③』パート2	[10] ● [1]・[2]	
5日目	『パラスト③』パート2	[3]・[4]・[5]	制限時間の目安は115ページの表の「復習用」を参考にする
6日目		[6]・[7]	
7日目		[8]・[9]	
8日目	『パラスト③』パート2 ● 『パラスト②』パート3	[10] ● [1]	
9日目	『パラスト②』パート3	[2]・[3]	
10日目		[4]・[5]	
11日目	『パラスト③』パート3	[1]・[2]	
12日目		[3]・[4]	
13日目		[5]・[6]	
14日目		[7]・[8]	
15日目		[9]・[10]	

実力を伸ばす ! 『パラスト②』『パラスト③』の使い方

●復習フローチャート●●●

❶ 別冊「問題編」で解き直しをする

＊制限時間は115ページの「復習用」が目安

❷ 答え合わせをして間違えた設問に印をつける

❸ 「設問解説」を読んで解法のポイントを復習する

❹ 不安な単語や忘れている単語を拾って覚える

❺ 別冊「王道単語リスト」で単語チェックをする

和田式●英語入試力●完成プラン

サブライン

ステージ 1〜3

リスニング力強化から文法・語法対策まで

難関大レベルの入試問題で
着実に「得点を稼ぐ」力を伸ばす！

サブ ステージ 1

ゼロからスタート・シャドーイング（Jリサーチ出版） 略称 『ゼロシャド』

シャドーイング試運転！

基本データ

強化POINT ● シャドーイングの基本習得

ボリューム ● 40ユニット（第1部、第5部はカット）

長文の語数 ● 5〜442words

使用期間 ● 20日間

この本を使う目的

シャドーイングの基本を、20日間でマスターする！

　リスニングや英会話では、「シャドーイング」という勉強法が推奨される。英語の音声から少し遅れて「聴こえたままの英語」をまねて口に出す練習である。このシャドーイングを受験勉強に活用することで、リスニング力の飛躍的向上に加え、速読力を側面から補強する「＋α」の効果を期待できる。英語の音声を瞬時に判別する"聴力"とともに、発話された語順に沿って"英語を英語のまま理解する反応力"（速読に必要な要素）が鍛えられるからだ。

　《英語入試力》完成プランでは、シャドーイングを継続的に行うことを前提とした参考書ラインナップを組んでいる。これを効率よく消化するには、あらかじめシャドーイングの基本をマスターしておく必要がある。その入門書としての役割を果たすのが、サブの1冊目『ゼロシャド』である。「シャドーイングとはどんなものか」を実地体験し、ある程度の長さの英文でシャドーイングの練習をできるようにするのが目的である。ここでしっかり基本をマスターしてから、『速読英単語①必修編』（Z会出版）につなぐ。

イチオシ POINT 「初歩の初歩」からシャドーイングを学べる

『ゼロシャド』は、「ゼロからスタート」とタイトルにあるように、初心者でも無理なく入っていける。単語（第1部）から始めて短文（第2部）、会話文（第3部）、長文（第4部）と段階的に難度を上げていく構成で、英文のレベルも中学〜高2の範囲に収まっている。和訳と語句注を見ればすぐに意味が取れるものばかりで、シャドーイングだけに集中できるのもよい。

付属CDの音声スピードは、第4部（長文）で約「140語／分」と、実用レベルとしてはやや遅めだが、シャドーイングを〝試運転〟して〝慣れ〟をつくる目的を考えれば妥当な速さである。

使い方ダイジェスト 「できるまで何回でも」の姿勢でしつこく食らいつく

全部で5部構成になっているが、第1部「単語シャドーイング」は、さすがに易しすぎるのでカットしてよい。また、第5部「VOA生録英語シャドーイング」（アメリカ政府の「国際短波ラジオ放送局」のニュース番組）はブロークン（より口語的で文法的な乱れがある）でスピードも速いため、これもカットしてよい。実際に使うのは、第2部〜第4部までの合計40ユニットで、これを20日間で終わらせる計画を立ててある。

シャドーイングは、テキスト（文字）を見ないでやるのが基本で、慣れないうちは難しく感じるかもしれない。しかし、要は「口まね」でしかないので、何度もくり返すうちに必ずできるようになる。必要なのは根気と忍耐だ。2〜3回やってダメだからと放り出さず、できるまで10回でも20回でもチャレンジする意気込みで取り組んでほしい。

ひと目で分かる！『ゼロシャド』の使い方

●ねらい●●●

シャドーイングの基本を身につける

●達成目標●●●

第4部「長文シャドーイング」が滑らかにできる

●進行ペース●●●

全40ユニットを20日間

- 第2部（全20ユニット）…「1日4ユニット」×5日間
- 第3部（全10ユニット）…「1日2ユニット」×5日間
- 第4部（全10ユニット）…「1日1ユニット」×10日間

　※第1部、第5部はカット

●勉強時間の目安●●●

1日15〜50分

　※基本的にはシャドーイングができるまで。個人差がある。

●全体スケジュール（20日間）●●●

1	2	3	4	5	6	7	8	9	10
第2部(20ユニット) 1日4ユニット×5日間					第3部(10ユニット) 1日2ユニット×5日間				

11	12	13	14	15	16	17	18	19	20
第4部(10ユニット) 1日1ユニット×10日間									

●勉強法フローチャート●●●

STEP❶ テキストを見ずにCDを聴き、
シャドーイングを2回くり返す　　　　　　　▶▶p.129

STEP❷ テキストを見ながらCDを聴き、
英文の意味と語句をチェックする　　　　　　▶▶p.129

STEP❸ テキストを見ながらCDに合わせて音読する　▶▶p.130

STEP❹ テキストを見ず、"5回完成"を
目標にシャドーイングをくり返す　　　　　　▶▶p.130
【注】・5回以内にできたら次のユニットへ（第4部はここで終了）
　　　・5回やってもできなければSTEP5へ

STEP❺ 「うまくいかない箇所」だけを
リピートして集中練習する　　　　　　　　　▶▶p.131

STEP❻ 全体を通じて、つっかえずに
できるかどうかチェックする　　　　　　　　▶▶p.131

※このフローチャートは、「シャドーイング6つのコツ」（同書p.11〜12）の内容を基本的に踏襲しているが、より効果を高めるような工夫を盛り込んである。

和田式 "手取り足取り" 解説 ゼロからスタート・シャドーイング

始める前の注意点

1. シャドーイングの"やり方"を確認する

　実際のシャドーイングがどういうものかを知るために、「シャドーイング練習の手順とポイント」(同書 p.10〜11) を読み、付属CDの「Track-2」を聴きながら具体的な方法を確認しておく。

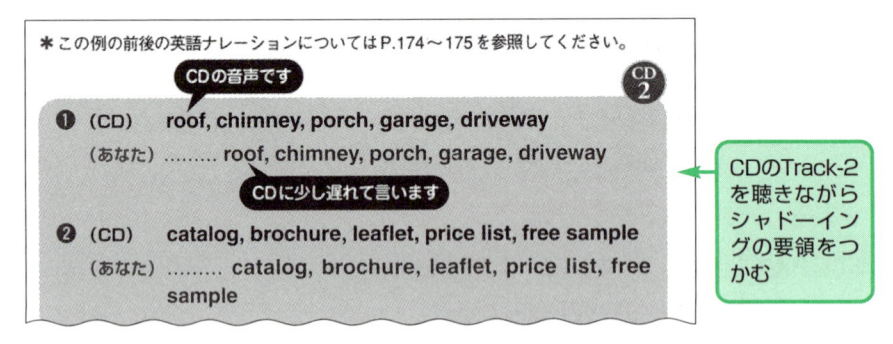

＊この例の前後の英語ナレーションについてはP.174〜175を参照してください。

CDの音声です
❶ (CD)　roof, chimney, porch, garage, driveway
　(あなた) ……… roof, chimney, porch, garage, driveway
CDに少し遅れて言います
❷ (CD)　catalog, brochure, leaflet, price list, free sample
　(あなた) ……… catalog, brochure, leaflet, price list, free sample

CDのTrack-2を聴きながらシャドーイングの要領をつかむ

2. 空き時間を活用した予習・復習のすすめ

　携帯プレーヤーがあれば、付属CDの音源を取り込んで、通学時間などの空き時間で予習、復習ができるようにしておきたい。予習では、テキストの不明語句をチェックし、英文の意味を理解しておく。これだけでも、いきなり取り組むのに比べてかなりやりやすくなる。その上で音声だけを聴いて内容を理解できるかをチェックする。聴き取りにくい箇所はテキストに印をつけ、その部分をリピートして一緒に発話できるようにする。復習では、前日やったユニットをひたすらシャドーイングする。周囲に人がいても恥ずかしがらず、小声でボソボソつぶやく感じでやればよい(これを「マンブリング」と言う)。

いざ勉強をスタート！

STEP ❶ テキストを見ずにCDを聴き、シャドーイングを2回くり返す　所要時間 ⏳ 2～7分

1ユニット分につき、テキストを見ないでCDを聴き、シャドーイングを試してみる。聴き取れない部分があっても気にせず、「聴こえたままの英語」を口に出して音声を追いかける。これを2回くり返す。

STEP ❷ テキストを見ながらCDを聴き、英文の意味と語句をチェックする　所要時間 ⏳ 5～10分

テキストを見ながらCDを聴き、音声と同じスピードで英文を黙読して意味をつかんでいく。その際、STEP 1で聴き取れなかった（意味がわからなかった）語句に印をつける。ユニットの最後まで聴き終わって不明点がなければそのままSTEP 3へ、不明点が残っている場合は音声を止め、右ページの「語注」と「日本語訳」を見て英文の意味を理解してからSTEP 3に進む。

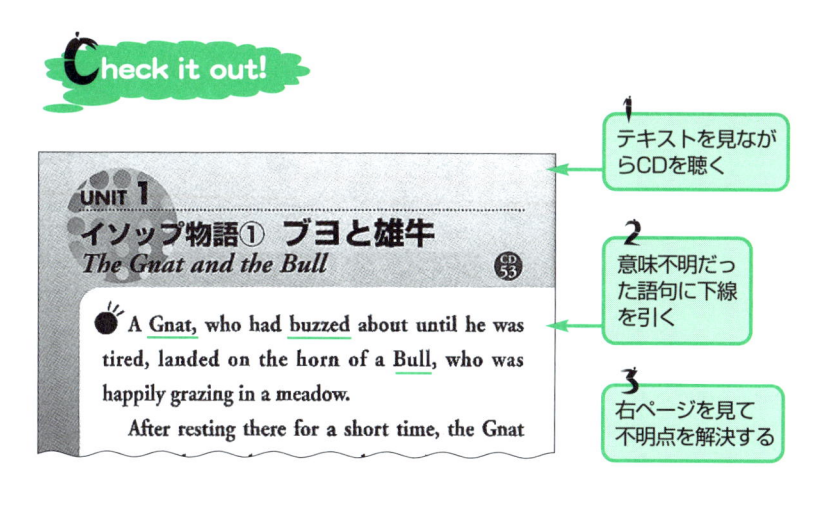

Check it out!

UNIT 1
イソップ物語① ブヨと雄牛
The Gnat and the Bull　CD 53

● A Gnat, who had buzzed about until he was tired, landed on the horn of a Bull, who was happily grazing in a meadow.

After resting there for a short time, the Gnat

1. テキストを見ながらCDを聴く
2. 意味不明だった語句に下線を引く
3. 右ページを見て不明点を解決する

実力を伸ばす❕『ゼロシャド』の使い方　129

STEP ❸ テキストを見ながら CDに合わせて音読する　　所要時間 ⏳ 1〜4分

　語句や英文の意味を理解したら、テキストを見ながらCDの音声に重ねるように音読する（これを「シンクロ・リーディング」と言う）。特徴的なアクセントやイントネーションなどもまねして、ナレーターの発話とぴったり"シンクロ"するように心がける。

STEP ❹ テキストを見ず、"5回完成"を目標にシャドーイングをくり返す　所要時間 ⏳ 1〜15分

　テキストを見ずに、CDを聴いてシャドーイングの練習をする。目標は「5回まで」とし、5回以内で澱みなくシャドーイングができたら次のユニットに進む（第4部は「1日1ユニット」なのでここで終了）。5回やってうまくできないときは、いったん中断してSTEP 5に移る。

POINT ● **発話内容を理解できていることが重要！**

　シャドーイングが「できた」、あるいは「できない」の判断をする際、気をつけてほしいことがある。それは、発話内容を理解していなければ、「できた」とは言えないということだ。内容理解がともなわなければ、鳥のオウムが人間の言葉をまねするのと同じである（鳥は言葉の意味を理解していない）。

　シャドーイングでは、「英語を英語のまま受容する」ようなネイティブに近い感覚が必要で、音声を"英文英訳的"に理解し、即座にコピー・再生しているという自覚が大切だ。当然、文章が長くなるほど難しくなり、400語を超える第4部のユニット9とユニット10はかなり手こずることが予想される。この2つに関しては、できる人はもちろんやってほしいが、厳しければテキストを見ながらのシンクロ・リーディングで内容理解ができればよしとする。

STEP ❺ 「うまくいかない箇所」だけを
リピートして集中練習する　　所要時間 ⏳ 5〜10分

　シャドーイングを5回やってもうまくできない場合、おそらく、毎回同じ場所でつっかえてしまうケースが多いだろう。そうであれば、そのまま"全体練習"を続けるより、「うまくいかない箇所」を拾い上げ、そこだけを集中的に練習したほうが効率的である。

　そこで、テキストを見ながらCDを聴き、「うまくいかない箇所」を含む一文に印をつけていく。印のついた文は、CDのその部分だけ何度かリピートしてシャドーイングの練習をする。その際、アクセントの位置や抑揚のつけ方などを、テキストの英文に直接書き込んでおくのもよい。

STEP ❻ 全体を通じて、つっかえずに
できるかどうかチェックする　　所要時間 ⏳ 2〜6分

　"部分練習"を終えたら、最初から通してシャドーイングをして、ひっかかるところがないかをチェックする。これを最低2回やって、自分なりに納得できれば次のユニットに進む。納得できないときは、宿題として翌日の"空き時間の復習"に回して、そこで完璧にする。

POINT ● 第4部「長文シャドーイング」に力を入れる

　第2部や第3部と比べて、第4部「長文シャドーイング」はかなり難しく感じる人も多いだろう。しかし、このレベルのシャドーイングができないと、このあと使用する参考書での対策もうまく進められない（ただし、第4部のユニット9、ユニット10は例外的）。

　そのことを肝に銘じ、第4部では"空き時間の予習・復習"にも力を入れてほしい。また、第2部、第3部がやさしく感じられたら、予定を早めに進行させて、第4部に充分な時間を確保する調整を図るとよい。

サブステージ 2

速読英単語①必修編／同・対応CD（Z会出版）　略称『速単必』

英語を"丸飲み"して鍛える！

基本データ

強化POINT	音声活用による"英語慣れ"
ボリューム	70文
長文の語数	約11,100語（1長文74〜245words）
使用期間	100日間（3か月＋10日）＋総復習（4か月）

この本を使う目的

音声を最大限に活用して"英語感覚"を身につける

　"英文集"と"単語集"を合体させた「読みながら覚える単語集」として人気の高い参考書である。ただ、"普通の単語集"の感覚で見出し語を暗記しようとばかりする人が意外に多く（その目的では使いにくい）、"速単シリーズ"の特長を活かし切った使い方ができていない印象がある。

　基本的には、継続的に英文に接して"英語慣れ"をつくり、その中で「語句習得」「速読力強化」「リスニング対策」などの要素を取り込むのが、『速単必』の使用目的と考えてほしい。この本では、『速読英単語①必修編対応CD』（Z会出版、別売り）を併用して"音慣れ"を重視し、リスニング（音声）と読解（文字）をリンクさせた総合的な"英語感覚"を養うメニューを考えてある。

　ともすれば単語暗記をメインに考えがちだが、むしろ単語は「ついでに覚える」つもりで取り組むほうが、この教材の持ち味を活かせる。別売りのCDはやや高価だが（本体2600円＋税）、リスニング力強化や速読力強化などへの波及効果を考えるとけっして高くはない。

イチオシPOINT 空き時間を活用した効率的学習が可能

　収録されている英文は70本で、レベルは"センター試験前後"がほとんどである（センター試験の文もある）。収録単語数は、派生語や関連語まで含めると3250語に上り、早慶上智など難関私立大学ではやや不足するものの、難関国公立大学の２次試験でも乗り切れるだけの網羅性を誇っている。

　どこにでも持ち運べるコンパクトさに加え、ほぼ２分以内で読み切れる適度な英文の長さ（長くても200語ちょっと）も、「読み込み用参考書」として考えた場合は大きな長所だ。ちょっとした空き時間や"スキマ時間"を見つけて短時間で２つも３つもの英文を読めるし、別売りCDの音源を携帯プレーヤーに移せば満員電車の中でも"耳学習"ができる。この教材を活かすも殺すも、使う側の実践にかかっていると言えるだろう。

使い方ダイジェスト "音声重視"の勉強法を復習込みで約７か月継続

　「１週間５文」のペースで取り組み、14週間（約100日）で全70文をひと通り終えるプランを設定している。ただし、これで終わりではない。このあとの４か月間も空き時間を活用した復習を励行し、７か月以上にわたって70文を５～６周させることになる。「飽きてもなお反復」「覚えてしまうほど反復」が『速単必』を活かし切る最大のポイントだ。

　勉強法の基本は、「聴く・読む・シャドーイング」の"３点セット"で、最終的にはテキストを見ずにスラスラとシャドーイングできるようにする。耳と目と口で英語を"丸飲み"するような勉強法を通じ、文中の太字（見出し語の単語）も「嫌でも覚えてしまう」ことになる。

ひと目で分かる！『速単必』の使い方

●ねらい●●●

リスニング対策を含む"英語慣れ"の強化

●達成目標●●●

①すべての英文でシャドーイングができる
②英文中に出てくる太字の語句を覚える

●進行ペース●●●

全70文を14週間（1週間で5文）
・月～金…1日1文
・土日……月～金の英文（5文）の復習

●勉強時間の目安●●●

1日20～40分（空き時間を最大限活用）

●1週間のスケジュール●●●

月	火	水	木	金	土	日	
1日1文（5文）					復習2文	復習3文	×14週間＊

＊土曜日は2文、日曜日は3文の復習（シャドーイング中心）
＊15週目以降は『Next Stage 英文法・語法問題』（桐原書店）と並行して総復習（4か月）

● **勉強法フローチャート** ● ● ●

STEP ❶ 英文を見ずに音声を 2〜3 回聴き、
わかる部分から内容を推測する　　　　　▶▶ p. 137

STEP ❷ 英文を見ながら音声を聴き、
「文字」と「音」を照合する　　　　　　▶▶ p. 137

STEP ❸ 和訳と「Check!!」を参照して
不明な語句や文をなくす　　　　　　　　▶▶ p. 138

STEP ❹ シンクロ・リーディングと
シャドーイングをくり返す　　　　　　　▶▶ p. 139

STEP ❺ "左から右"の方向に、返り読みをせずに黙読する　▶▶ p. 139

STEP ❻ 見出し語のページで太字の単語を覚える　　▶▶ p. 140

土日の復習
シンクロ・リーディングとシャドーイングをくり返す　▶▶ p. 141

総復習
シャドーイングを中心に
「覚えてしまうほど」反復する　　　　　▶▶ p. 141

和田式 "手取り足取り" 解説　●●● 速読英単語①必修編／対応CD ●●●●

始める前の注意点

1．CDの音声スピードを選択する

　別売りCDの5枚のディスクのうち、英文1〜70の音声を収めたDisk 1〜3を使用する。音声スピードは「slow speed」と「natural speed」の2種類あり、前者が約100語／分、後者は約140語／分である。どちらのスピードを使って勉強するか、最初の段階で決めておく。両方を聴き比べてみて、「だいたいの内容がわかりそう」と思ったほうを選択する。迷ったなら、最初は「スロー」で始め、慣れてきたら「ナチュラル」に切り替えればよい。

　ちなみに「ナチュラル」はDisk 1とDisk 2、「スロー」はDisk 2とDisk 3に分けて収録されている。携帯プレーヤーなどに音源を移すときは、英文番号順に両方を聴けるように編集しておくと何かにつけて使いやすい（ファイル名に01n、01s、02n、02s、…70n、70sの記号を書き込むなど）。

2．テキストと音源は外でも家でも肌身離さず！

　『速単必』は、テキストと音源さえ手元にあればどこでも勉強できる。外出するときは必ずカバンやバッグに入れて持ち歩くようにする。学校の行き帰りはもちろん、学校の休み時間、授業中の内職、部活の個人練習など、使える時間はいくらでもあるはずだ。

　家の中でも、「防滴CDプレーヤー」を風呂場に持ち込んで聴く、"トイレタイム"に必ず1英文読む、就寝前の"子守歌代わり"にCDを聴く、朝起き抜けの10分を復習タイムに充てるなど、さまざまな工夫ができる。「スキマ時間の徹底活用」をテーマとして、この教材に取り組んでほしい。

いざ勉強をスタート！

STEP ❶ 英文を見ずに音声を 2〜3 回聴き、わかる部分から内容を推測する　　所要時間 ⏳ 5 分

　本冊の英文を見ずに、音声だけを 2〜3 回聴いて内容を推測する。スロースピードで聴く人は 2 回、ナチュラルスピードで聴く人は 3 回くり返して聴き、聴き取れた語句を手がかりに、話の内容を推測する。

STEP ❷ 英文を見ながら音声を聴き、「文字」と「音」を照合する　　所要時間 ⏳ 5 分

　次に、英文を見ながら音声を 2〜3 回聴き直す。ここでは、大意をざっくり把握するとともに、意味不明の「音」が英文中のどの部分に対応しているのかをチェックする。音声だけで意味をつかめないのは、「音」とそれに対応する「文字」が頭の中で一致していないからで、それを 1 つずつ解消して、「聴けば文字が見える」ようにするのがここでの目的だ。

聴こえた音		文字（語句・熟語）
バイタミンシー	→	Vitamin C
ルーリ	→	role
ママーズ	→	mammals
フラァマッカブィト	→	from a lack of it

対応

（注）カタカナ表記は便宜的なもので、実際に聴こえる音の「感じ」を表しているにすぎない。

STEP ❸ 和訳と「Check!!」を参照して不明な語句や文をなくす　　所要時間 ⏳ 5分

　英文を見ながら音声を2～3回聴いた段階で、話の内容を6～8割程度、大雑把には理解できるだろう。ここでいったん音声を止め、意味のわからない単語や構造（S、V、O、Cと句や節の修飾関係）がわからない文は、右ページにある和訳と下段の「Check!!」や別冊などを参照して特定する。

POINT ● 構造記号や"聴こえ方"を書き込み、慣れたら消す

　意味が取れなかった英文は和訳を見て文構造を類推し、構造記号を書き込んでおく。また、「音」と「文字」が一致しなかった語句には「聴こえた音」をカタカナで書き添えておくと、このあとの黙読やシンクロ・リーディングがやりやすくなる。ただし、いずれも鉛筆を使って薄く書き込み、2～3回読んで慣れたら必ず消す。カタカナや記号が"直解"の妨げになるからだ。

Check it out!

1　ビタミンCの働き [医療]

1　Vitamin C plays an important role in keeping us healthy. Most mammals produce it in their livers, so they never suffer from a lack of it. Curiously, however, some mammals (such as humans and apes) cannot do so. What happens when you lack
5　this important vitamin? You might see black-and-blue marks on your skin. Your teeth could suffer, too: the pink area around them might become soft and bleed easily. These are just a couple of good reasons to eat plenty of fresh fruit.　　　　(84 words)

※ Vitamin：バイタミン、mammals：ママーズ、livers：リバース

1. 意味がつかみにくい英文の構造を記号で書き込む
2. 音と文字が一致しなかった単語の発音をカタカナで入れておく
3. 慣れたら記号やカタカナは消す

STEP ❹ シンクロ・リーディングと シャドーイングをくり返す　所要時間 10分

英文内容を理解したら、英文を見ながら音声に合わせて音読するシンクロ・リーディングと、英文を見ないで行うシャドーイングを何回かくり返す。

POINT ● **スロースピードで文の区切りをチェックする**

シンクロ・リーディングの際、スローの音声を聴いて英文の区切りの位置にスラッシュ（／）を書き込んでおくと、このあとの黙読で「区切りを意識した読み」がやりやすくなる。

STEP ❺ "左から右"の方向に、 返り読みをせずに黙読する　所要時間 5分

音声から離れ、テキストのみで英文を2～3回黙読する。速度はナチュラルスピード（140語／分）をイメージする。文の区切りまでを素早く目で捉え、"左から右"の方向へ返り読みをせず読む。読みながら、頭の中では"同時通訳的"に意味が取れていることを確認してほしい。

（英文）　Most mammals produce it in their livers, so they never suffer from a lack of it.

文の区切り		意味の把握（頭の中で）
Most mammals produce it/	→	ほとんどの哺乳動物はそれを作る／
in their livers,/	→	彼らの肝臓で／
so they never suffer from a lack of it.//	→	彼らはけっして苦しまない、その不足に。

（注）日本語表記は「意味」を示す便宜的なもので、いちいち日本語を考えなくてよい。

STEP ❻ 見出し語のページで太字の単語を覚える　　所要時間 ⏳10分

　最後は、英文の太字になっている単語を、本冊の見出し語のページで確認して覚える。1つずつ時間をかけて丁寧に覚えるのではなく、1単語につき2〜3秒でパッパッと意味を確認する作業を何回もくり返すほうがよい。

　ほぼ覚えたと思ったら、赤のチェックシートをかぶせて意味がスッと言えるかどうかをチェックする。ここで意味が言えなかった単語には印をつけ、覚えるべき単語の数を減らしながら、同様のチェックをくり返す。

POINT ● 意味だけでなく品詞にも注意！

　単語の意味を確認する際、品詞の種類（名詞、形容詞、自動詞など）も合わせてチェックしよう。品詞の知識は解釈に欠かせないので、意味と同じくらい大切に考えてほしい。単語によって複数の品詞を持つ場合もあるが、「この単語（名詞）は動詞でも使われるんだ！」というように、知らなかったほうの品詞について、いちいちびっくりしながらチェックすると記憶に残りやすい。

Check it out!

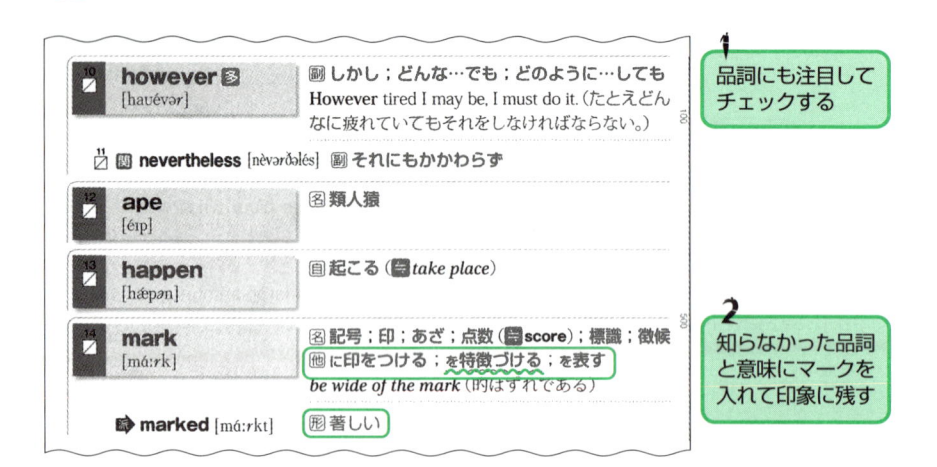

10	however [hauévər]	副 しかし；どんな…でも；どのように…しても However tired I may be, I must do it.（たとえどんなに疲れていてもそれをしなければならない。）
11	関 nevertheless [nèvərðəlés] 副 それにもかかわらず	
12	ape [éɪp]	名 類人猿
13	happen [hǽpən]	自 起こる（= take place）
14	mark [máːrk]	名 記号；印；あざ；点数（= score）；標識；徴候 他 に印をつける；を特徴づける；を表す be wide of the mark（的はずれである）
	➡ marked [máːrkt]	形 著しい

1. 品詞にも注目してチェックする
2. 知らなかった品詞と意味にマークを入れて印象に残す

土日の復習

シンクロ・リーディングと
シャドーイングをくり返す　　所要時間 ⏳ 20〜30分

　週末の土日は、1週間分（月〜金）の復習をする。土曜日2文（月・火）、日曜日3文（水・木・金）の復習をする。1文につき10〜15分程度を確保する。

　ここでは「最低限、スロースピードの音声で、滑らかにシャドーイングができる」ことを目標とする。もちろん、ナチュラルスピードでできればそれに越したことはない。いきなりのシャドーイングが難しい英文は、シンクロ・リーディングで慣れをつくってからシャドーイングに切り換える。どうしてもうまくいかない箇所は、部分リピートによる集中練習を経てから、全体のシャドーイングに戻る。

総復習

シャドーイングを中心に
「覚えてしまうほど」反復する　　所要時間 ⏳ 1日20〜30分

　3か月強で70英文を終えたあとの4か月を「総復習期間」とする。総復習は、空き時間をフルに活用して「シャドーイング＋シンクロ・リーディング＋語句暗記」に充てる。音声スピードは約140語／分の「ナチュラル」を選択する。総復習で力を入れるべきなのはやはりシャドーイングで、英文を暗記してしまうくらいひたすら反復する。語句暗記も並行して進める。

　70英文を1か月で復習する計画を立て（1日2〜3文）、「4か月で4周」を目標とする。電車の中でもファストフードの店内でも、恥ずかしがらずにマンブリング（128ページ）を実践してほしい。

サブ ステージ 3

Next Stage 英文法・語法問題（桐原書店） 略称『ネクステ』

"使える知識"を効率よく吸収！

基本データ

- 強化POINT ● 文法・語法知識の定着
- ボリューム ● 28章・1380問（29、30章はカット）
- 学習の範囲 ● 文法・語法・イディオム・会話表現・単語・語い
- 使用期間 ● 4か月（復習込み）

この本を使う目的

知識をストックしながら、勉強の効率化を図る！

　『ネクステ』は、入試に頻出の文法・語法問題をメインに、会話表現、イディオム、発音・アクセントまで、幅広い"知識系問題"に対応できる"オールイン・ワン型"の参考書である。《英語入試力》完成プランでは、5か月目から『ネクステ』を投入するが、ここでは大きく3つの狙いがある。

　1つは、センター試験や個別試験で出題される"知識系問題"への対応力強化である。文法・語法、イディオムなどの知識は、読解や語句整序などの問題にも直接・間接に役立ち、波及効果はかなり大きい。

　もう1つは、「精読期」（最初の4か月）を通じて得られた「読解のための文法・構文知識」を忘れないうちに整理し、確実に定着させることである。

　メインラインは5か月目以降「速読・総合問題期」に入るが、メインとサブの相乗効果を高めるのが3つ目の狙いだ。サブの『ネクステ』で吸収した知識をメインの読解系に活用し、メインで得た知識をサブで整理するという関係をつくることで相乗効果が生まれ、両方の勉強が効率よく進んでいく。

イチオシPOINT スタンダードな内容で難関大学レベルに対応！

　『ネクステ』で取り組む問題は1380問（発音・アクセントを除く）あるが、これは同系統の参考書としては標準的な分量で、基本から応用まで頻出・典型問題を中心にバランスよく網羅的に収録している。この1冊で、センター試験から難関大学まで、必要となる知識のほとんどをカバーできる。

　特筆すべき個性はないものの、逆に変なクセがなく取り組みやすい。文法問題がやや厚めにフォローされているが、分量もレベル設定も手ごろで、志望大学に関係なく誰がやっても損をしない。解説は簡潔明瞭でムダがない。大切なポイントをしっかり押さえた上で、「知識をどう整理して覚えておけばよいか」が明瞭に示されているので、応用の利く暗記が可能になる。

使い方ダイジェスト 1回に進む範囲を広く取り、反復回数を増やして覚える

　「アクセント・発音」（第29章以降）をカットして、第1章から第28章までの「文法」「語法」「イディオム」「会話表現」「単語・語い」の1380問を暗記範囲とする（第28章は簡単なチェックのみ）。問題のレベルが「基本」「標準」「発展」の3つの難易度で示されているが、レベルは気にせず、すべての問題を解く。

　この手の"暗記モノ"は、「1日2ページ」のような狭い範囲を設定して覚えるより、1回に進む範囲を8ページなり10ページなり多めに取り、そのあとの反復回数を増やして覚えていくほうが効率的であり、この本でもその方針を貫く。全1380問を3か月でひと通り覚えたあと、残りの1か月を総復習に充ててインプットした知識を確実に定着させていく。

実力を伸ばす！『ネクステ』の使い方

ひと目で分かる！『ネクステ』の使い方

●ねらい●●●

文法・語法・会話表現・イディオム・語いの暗記

●達成目標●●●

全1380問につき"解けない問題"をゼロにする

●進行ペース●●●

4か月（総復習込み）

①1380問を3か月
- ・1～16章（6週間）
- ・17～25章（5週間）
- ・26章～28章（1週間）

②総復習（1か月）

●勉強時間の目安●●●

1日約30分

●全体スケジュール（4か月）●●●

1か月	2か月	3か月	
1～16章 6週間		17～25章 5週間	26～28章 1週間

4か月
総復習（1～28章） 4週間

●勉強法フローチャート●●●

文法・語法… 1〜19章

STEP ❶ 問題を解いて答え合わせをし、間違えた問題に×をつける
▶▶p. 149

STEP ❷ 解説を読んで理解したら、不安な問題に△印をつける
▶▶p. 150

STEP ❸ ×印と△印の問題だけをくり返し解いて覚える ▶▶p. 152

イディオム・会話表現…20〜25章

STEP ❹ 右ページのイディオム、フレーズをチェックする ▶▶p. 153

STEP ❺ 左ページの問題を解いて、答え合わせをする ▶▶p. 153

STEP ❻ 間違えた問題だけをくり返し解いて覚える ▶▶p. 154

単語・語い…26・27章

STEP ❼ 間違えた問題だけを反復して覚える ▶▶p. 154

総復習 4 週間

STEP ❽ 問題番号1〜1290を「1日100問」ペースで解く ▶▶p. 155

STEP ❾ 根拠を考えながら間違えた問題を潰す ▶▶p. 155

和田式 "手取り足取り" 解説　Next Stage 英文法・語法問題

始める前の注意点

1.「効率」と「適用力」を追求する

　『ネクステ』の1380問（第1章〜第27章）は、数だけ見るとウンザリするかもしれない。しかし、このうち「すでに知っている知識」で解ける問題もかなり含まれている。実際には、1380問のうち、覚える必要があるのは6割程度（約800問）と考えてよい。これなら思ったほどの負担ではない。

　『ネクステ』を上手に使いこなすコツは2つある。1つは、「すでに知っていること」を除外し、「まだ完全に覚えていないこと」だけを拾い上げて潰していくことである。もう1つは、「正答の根拠」を説明できるようにすることである（特に文法問題）。これができないと、いつまでたっても"ヤマカン頼み"から抜けられず、知識を適用する力（応用力）が身につかない。

　「必要な知識だけを効率よく、適用しやすい形で暗記する」。このスローガンを常に頭に置きながら『ネクステ』に取り組んでほしい。

2. 1日に進める範囲を決め、目印をつけておく

　「文法」に6週間、「語法」と「イディオム・会話表現」に5週間、「単語・語い」に1週間、計12週間（約3か月）で範囲を終える予定を組むが、ポイントは「進む期間」と同程度の「復習期間」を確保することだ。

　たとえば「文法」なら前半3週間を「進む期間」、後半3週間を「間違えた問題」を潰す復習期間とする。「語法」以下も同様で、ここから「進む期間」のノルマを決めると、「文法」「語法」は1日約30問、「イディオム」「会話表現」は1日約20ページとなる（次ページの表を参照）。

●「1日に進む範囲」の設定例

文法〈6週間〉

週	日数	問題番号	問題数
1	1	1〜29	29
1	2	30〜59	30
1	3	60〜89	30
1	4	90〜119	30
1	5	120〜154	35
1	6	155〜178	24
1	7	予備日	
2	8	179〜208	30
2	9	209〜233	25
2	10	234〜261	28
2	11	262〜291	30
2	12	292〜326	35
2	13	327〜356	30
2	14	357〜385	29
3	15	予備日	
3	16	予備日	
3	17	386〜414	29
3	18	415〜445	31
3	19	446〜479	34
3	20	480〜514	35
3	21	予備日	
4・5・6	22〜42	復習（3週間・514問）	

→

語法〈17日間〉

日数	問題番号	問題数
1	515〜549	35
2	550〜584	35
3	585〜618	34
4	619〜650	32
5	651〜683	33
6	684〜716	33
7	717〜742	26
8	予備日	
9〜17	復習（9日間・228問）	

↓

イディオム・会話〈18日間〉

日数	問題番号	チェック数
1	743〜854	111
2	855〜961	106
3	962〜1063	101
4	1064〜1159	96
5	1160〜1226	67
6	1227〜1290	63
7〜12	問題を解く（6日間）	
13〜18	暗記する（6日間）	

↓

単語・語い〈1週間〉

日数	問題番号	チェック数
1〜5	1291〜1380	90
6・7	なし（28章）	419単語

← 総復習4週間

「イディオム」「会話表現」「単語・語い」は理屈抜きで覚えるしかなく、すでに知っているものも多いという前提で、「文法」や「語法」に比べて速いペースで進める。また、「文法」と「語法」に設けた「予備日」は、予定通りノルマを消化できなかったときの"借金返済日"である。

分量が多い参考書の場合、最初にノルマを決めたほうが計画が狂いにくく、目標がハッキリするのでモチベーションが上がる。

必ずしも先のペースに合わせなくてもよいが、ノルマを決めたら「どの範囲をいつやるか」がわかるような印を、あらかじめ参考書に書き込んでから取り組むことをすすめる（右図参照）。

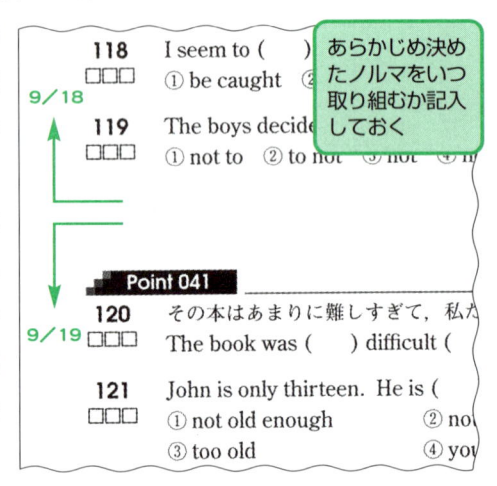

> あらかじめ決めたノルマをいつ取り組むか記入しておく

3.「イディオム」「会話表現」は右ページから入る

このあと紹介する『ネクステ』の使い方では、これまでのように各ステップの所要時間を記していない。これは、空き時間の活用を前提に、その日のノルマを何回かに分けて消化することを想定しているためである。

また、「文法」「語法」「単語・語い」と「イディオム」「会話表現」では勉強の進め方を変えている。『ネクステ』のような参考書の場合、「左ページの問題を解いてから右ページの解説・解答を見る」のが普通の進め方だが、「イディオム」「会話表現」ではこれを逆にしている。イディオムや定型的な会話表現は最終的に「理屈抜きで覚えるしかない」ので、知らない語句やフレーズ（右ページ）を先にチェックして覚え、あとで問題（左ページ）を解いて定着させるほうが効率的だからである。この点にも注意してほしい。

いざ勉強をスタート！

STEP ❶ 問題を解いて答え合わせをし、間違えた問題に×をつける　　《文法・語法》

　問題は1～180の「Point」に分けてまとめられている。以下の勉強法では「Point」ごとに《STEP 1→STEP 2》の順で、その日のノルマを消化するまで続ける。「文法」範囲ではこれを3週間続けて16章まで終え、STEP 3で示す「復習期間」（3週間）に入る。「語法」範囲（17～19章）も同様にして進める。

　問題を解くときは英文の意味を理解し、1問につき20～30秒程度でサクサク進める（簡単な問題は"瞬殺"）。英文の意味が怪しければ、下段欄外の和訳を見てもよい。語順整序など記号選択以外の問題も、自分の答えをできるだけ記憶しておく（印をつけると復習がやりにくくなるので）。解き終えたら右ページ下の欄外の解答を見て、間違えた問題の脇に×印を書き込む。

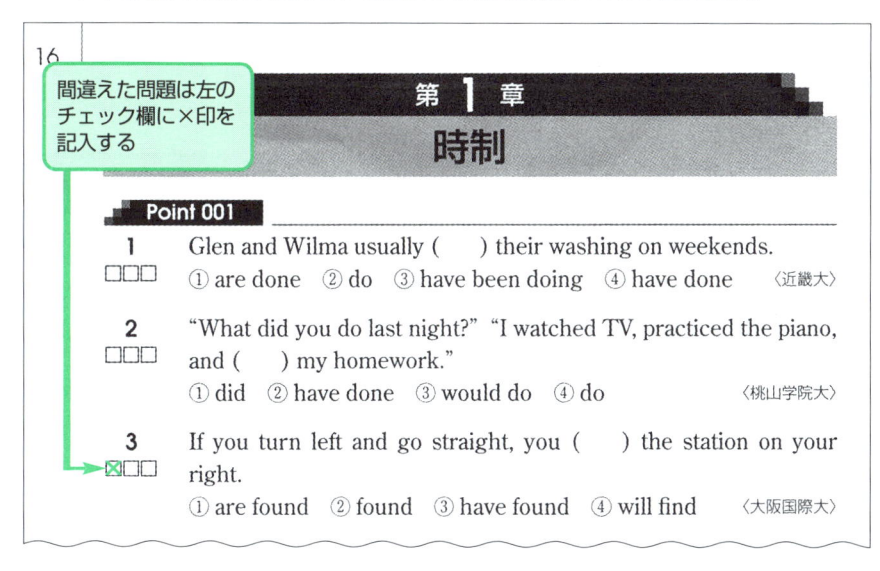

16

> 間違えた問題は左のチェック欄に×印を記入する

第 1 章
時制

Point 001

1 ☐☐☐　Glen and Wilma usually (　　) their washing on weekends.
① are done　② do　③ have been doing　④ have done 〈近畿大〉

2 ☐☐☐　"What did you do last night?" "I watched TV, practiced the piano, and (　　) my homework."
① did　② have done　③ would do　④ do 〈桃山学院大〉

3 ☒☐☐　If you turn left and go straight, you (　　) the station on your right.
① are found　② found　③ have found　④ will find 〈大阪国際大〉

実力を伸ばす❗『ネクステ』の使い方　149

STEP ❷ 解説を読んで理解したら、不安な問題に△印をつける

　答え合わせをしたら、右ページの解説を読んで理解する。特に出題意図に関連するポイントはその場で覚える努力をする。小さい字で書かれた補足や「整理」「プラス+」のような追加情報もしっかり目を通してチェックする。その上で、答えが合っていても根拠が曖昧だった問題に△印をつける。

Check it out!

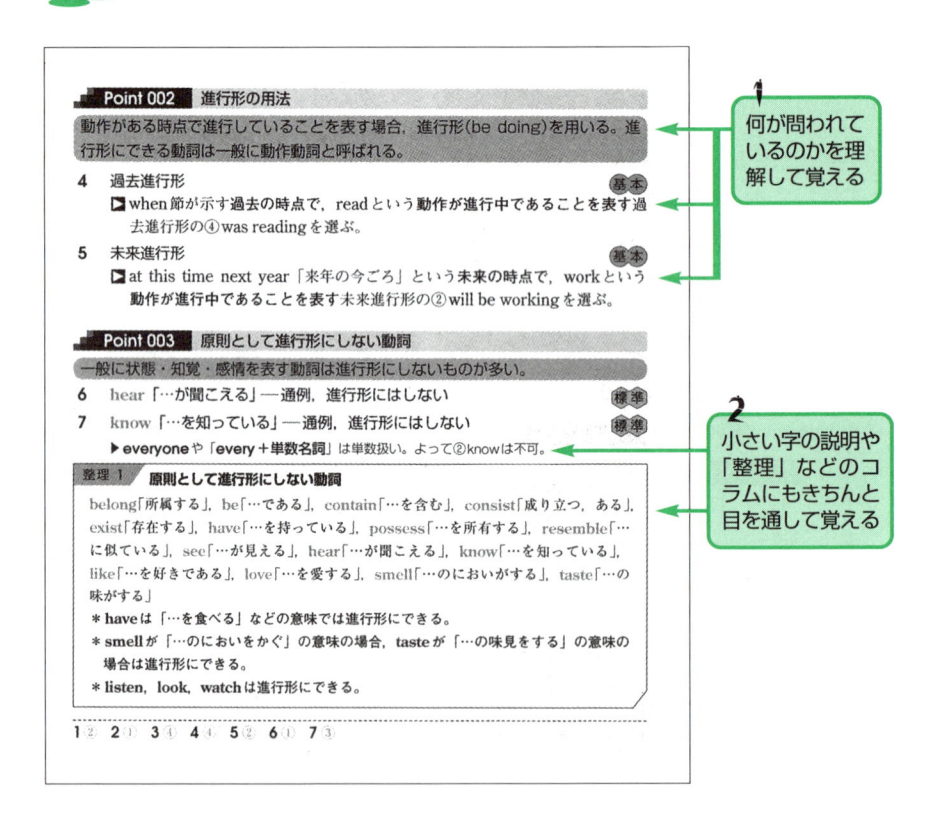

Point 002　進行形の用法

動作がある時点で進行していることを表す場合，進行形(be doing)を用いる。進行形にできる動詞は一般に動作動詞と呼ばれる。

4　過去進行形　　　　　　　　　　　　　　　　　　　　　　　　　　〔基本〕
▶ when節が示す過去の時点で，readという動作が進行中であることを表す過去進行形の④was readingを選ぶ。

5　未来進行形　　　　　　　　　　　　　　　　　　　　　　　　　　〔基本〕
▶ at this time next year「来年の今ごろ」という未来の時点で，workという動作が進行中であることを表す未来進行形の②will be workingを選ぶ。

Point 003　原則として進行形にしない動詞

一般に状態・知覚・感情を表す動詞は進行形にしないものが多い。

6　hear「…が聞こえる」── 通例，進行形にはしない　　　　　　　　〔標準〕
7　know「…を知っている」── 通例，進行形にはしない　　　　　　　〔標準〕
▶ everyoneや「every＋単数名詞」は単数扱い。よって②knowは不可。

整理1　原則として進行形にしない動詞

belong「所属する」，be「…である」，contain「…を含む」，consist「成り立つ，ある」，exist「存在する」，have「…を持っている」，possess「…を所有する」，resemble「…に似ている」，see「…が見える」，hear「…が聞こえる」，know「…を知っている」，like「…を好きである」，love「…を愛する」，smell「…のにおいがする」，taste「…の味がする」

* haveは「…を食べる」などの意味では進行形にできる。
* smellが「…のにおいをかぐ」の意味の場合，tasteが「…の味見をする」の意味の場合は進行形にできる。
* listen, look, watchは進行形にできる。

1 ②　2 ①　3 ④　4 ④　5 ②　6 ①　7 ③

---

1 何が問われているのかを理解して覚える

2 小さい字の説明や「整理」などのコラムにもきちんと目を通して覚える

POINT ● 「正答の根拠」にこだわって解説を読む

　解説を理解したら、間違えた問題（×印）について「なぜ間違えたのか」を確認し、どの選択肢を選ぶべきだったかを理詰めで考える。合っていた問題については、「解説と同じ根拠で確信を持って選べた」場合は何も書かない（無印）が、「適当に選んでたまたま当たってしまった問題」や「理解が曖昧なまま選んで当たった問題」には△印を記入する。

Check it out!

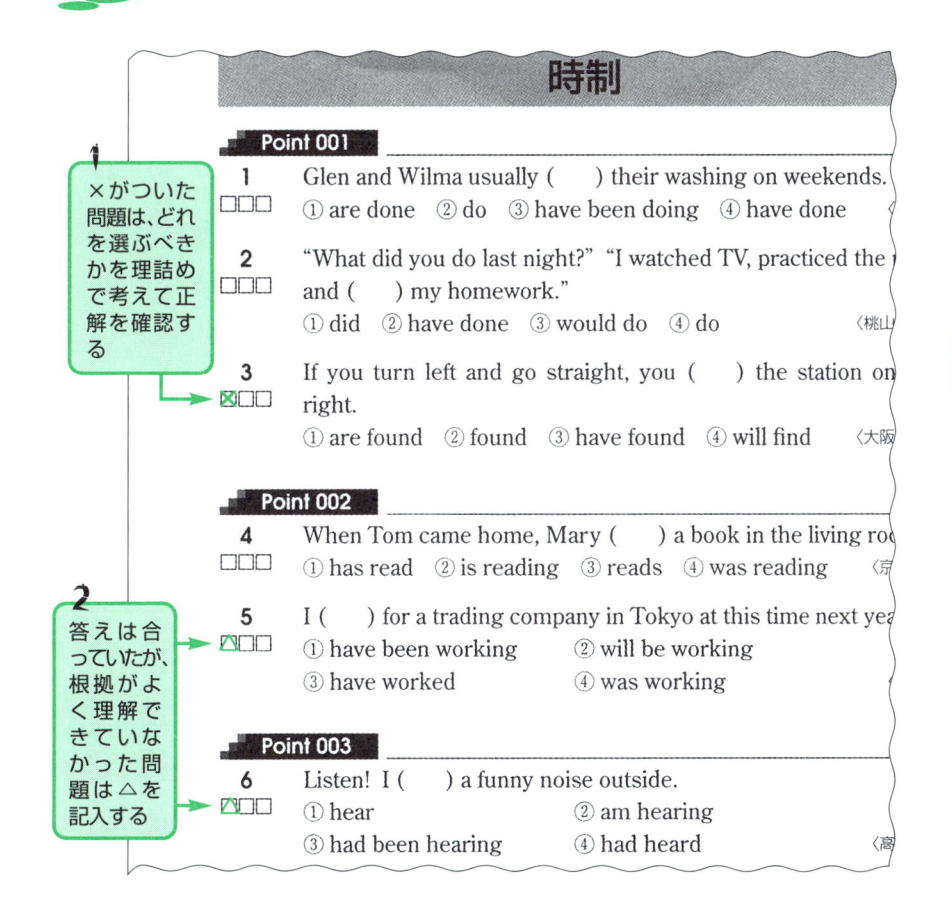

×がついた問題は、どれを選ぶべきかを理詰めで考えて正解を確認する

時制

Point 001

1　Glen and Wilma usually (　) their washing on weekends.
　① are done　② do　③ have been doing　④ have done

2　"What did you do last night?" "I watched TV, practiced the and (　) my homework."
　① did　② have done　③ would do　④ do　〈桃山〉

3　If you turn left and go straight, you (　) the station on right.
　① are found　② found　③ have found　④ will find　〈大阪〉

Point 002

4　When Tom came home, Mary (　) a book in the living ro
　① has read　② is reading　③ reads　④ was reading　〈京〉

答えは合っていたが、根拠がよく理解できていなかった問題は△を記入する

5　I (　) for a trading company in Tokyo at this time next yea
　① have been working　② will be working
　③ have worked　④ was working

Point 003

6　Listen! I (　) a funny noise outside.
　① hear　② am hearing
　③ had been hearing　④ had heard

実力を伸ばす！『ネクステ』の使い方　151

STEP ❸ ×印と△印の問題だけを くり返し解いて覚える

　STEP１とSTEP２のセットで該当範囲（「文法」は１〜16章、「語法」は17〜19章）を終えたら復習期間に入る。ここでは、×印と△印の問題だけを解き直す。「文法」は３週間・３回転、「語法」は９日間・３回転を目標に、すべて「無印」（自信を持って出した正解）になるまでくり返す。

　復習方法は《STEP１→STEP２》と同じでよく、間違えた問題に×、合っていても根拠が曖昧なまま選んだ問題に△をつけるのも同様である。２回目、３回目と解き直しの回数が増えるたびに△や×が減って解き直しのサイクルが短くなり、チェックのペースも上がっていく。

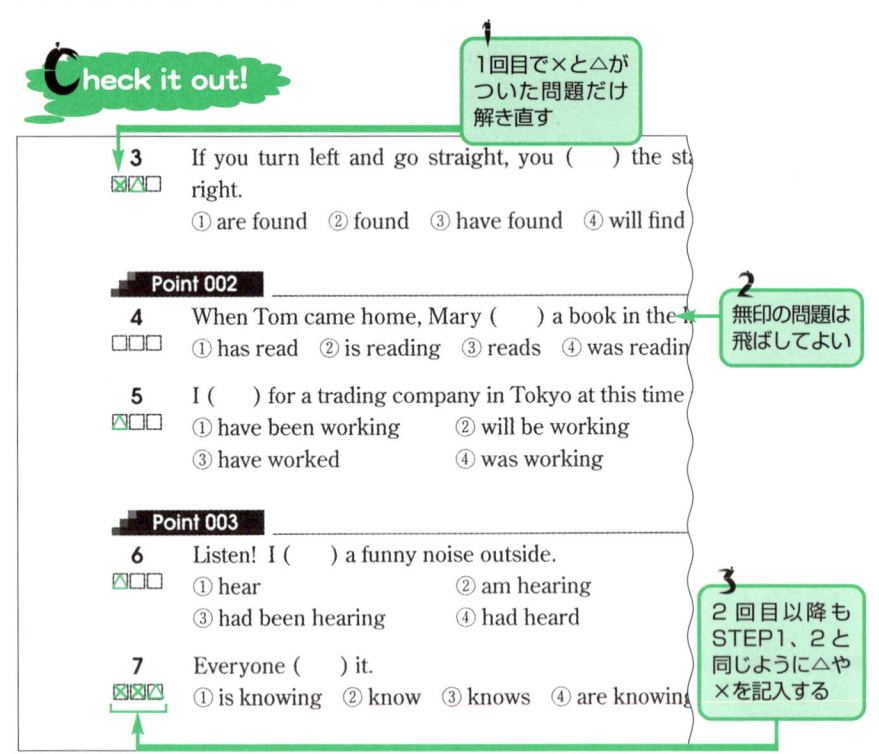

Check it out!

> **1** 1回目で×と△がついた問題だけ解き直す

3 ☒△☐　If you turn left and go straight, you (　) the st_ right.
① are found　② found　③ have found　④ will find

Point 002

4 ☐☐☐　When Tom came home, Mary (　) a book in the_
① has read　② is reading　③ reads　④ was readin_

> **2** 無印の問題は飛ばしてよい

5 △☐☐　I (　) for a trading company in Tokyo at this time_
① have been working　② will be working
③ have worked　④ was working

Point 003

6 △☐☐　Listen! I (　) a funny noise outside.
① hear　② am hearing
③ had been hearing　④ had heard

7 ☒☒☒　Everyone (　) it.
① is knowing　② know　③ knows　④ are knowing

> **3** ２回目以降もSTEP１、２と同じように△や×を記入する

STEP ❹ 右ページのイディオム、フレーズをチェックする

《イディオム・会話表現》

　「イディオム」と「会話表現」(20〜25章)は18日間で仕上げる。最初の6日間で右ページをチェックし(STEP 4)、次の6日間で問題を解く(STEP 5)。最後の6日間で間違えた問題を解き直して暗記する(STEP 6)。

　右ページのチェックは、1ページ当たり1〜2分を目安にサクサク進める。単純な暗記モノは周辺情報が多いほど記憶に残りやすいので、「注意」や「＋プラス」もしっかり読む。知らない語句やフレーズは、左ページの問題に当てはめて一文まるごと読んでおくと、やはり記憶に残りやすくなる。

Check it out!

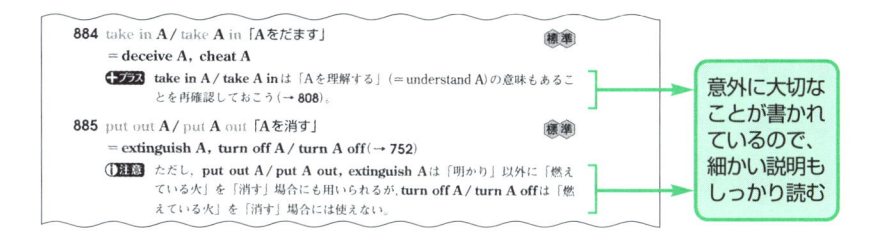

```
884  take in A / take A in 「Aをだます」                      標準
     = deceive A, cheat A
     ＋プラス take in A / take A in は「Aを理解する」(= understand A)の意味もあるこ
           とを再確認しておこう(→ 808)。

885  put out A / put A out 「Aを消す」                       標準
     = extinguish A, turn off A / turn A off (→ 752)
     ①注意 ただし、put out A / put A out, extinguish A は「明かり」以外に「燃え
           ている火」を「消す」場合にも用いられるが、turn off A / turn A off は「燃
           えている火」を「消す」場合には使えない。
```

→ 意外に大切なことが書かれているので、細かい説明もしっかり読む

STEP ❺ 左ページの問題を解いて、答え合わせをする

　STEP 4で25章まで終えたら、「イディオム」(20章)に戻り、左ページの問題を解いていく。6日間で範囲を終えるには、1日当たり約20ページ(左ページだけなので実質は約10ページ分)が目安になる。

　やり方としては、1ページごとに「問題を解く→答え合わせをする→間違えた問題に×印をつける」のサイクルで進める(1ページ当たり2〜3分が目安)。間違えた問題は、右ページを見て語句と意味を2〜3回音読しておく。

STEP ❻ 間違えた問題だけを
　　　　　くり返し解いて覚える

　左ページの問題を解き終えたら、間違えた問題（×印）だけを拾って解き直しをする。「1回に進む範囲を広く取り、反復回数を増やす」のが基本形で、1つ1つの問題にあまり時間をかけない。解き直しで間違えた問題は×印を記入し、×印がつかなくなるまで何度も反復して覚え込む。付属の赤いシートで右ページを隠して暗唱する方法を併用してみるのもよい。

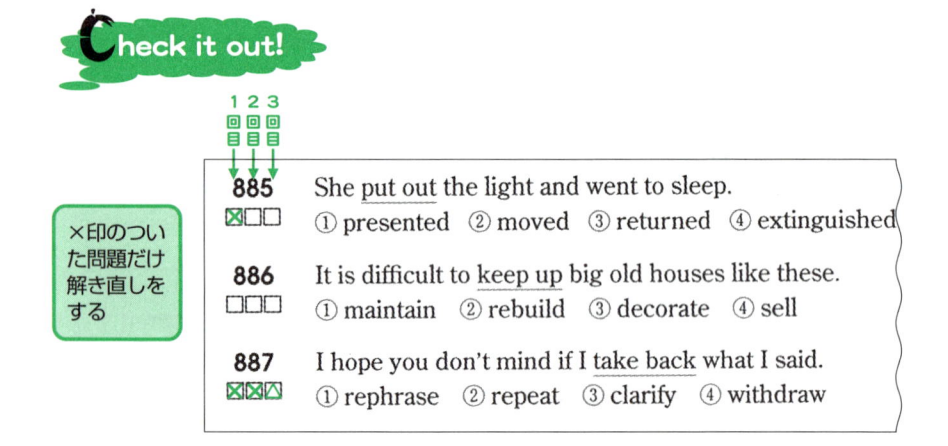

Check it out!

×印のついた問題だけ解き直しをする

885 She put out the light and went to sleep.
① presented　② moved　③ returned　④ extinguished

886 It is difficult to keep up big old houses like these.
① maintain　② rebuild　③ decorate　④ sell

887 I hope you don't mind if I take back what I said.
① rephrase　② repeat　③ clarify　④ withdraw

STEP ❼ 間違えた問題だけを　　　　　　　　《単語・語い》
　　　　　反復して覚える

　「単語・語い」の26・27章は、「左ページの問題を解く→答え合わせをする→右ページで確認・暗記する」の順で進める（5日間）。間違えた問題に×印をつけ、×印だけを反復して覚えるのはSTEP 6と同様である。
　28章は、動詞・名詞・形容詞の語形変化が一覧表になっている。これは、2日間かけてザックリと確認する程度でかまわない。付属の赤いシートで隠してチェックし、間違えたものだけを反復して潰していけばよい。

STEP ❽ 問題番号 1〜1290を 「1日100問」ペースで解く　《総復習4週間》

28章まで終えたら、残り4週間で総復習をする。総復習では、問題番号1から1290まで（「単語・語い」を除く）のすべてを順番に解いていく。1日約100問のペースで解き、2週間で1回転させる。間違えた問題に×、合ってはいたが不安が残る問題に△印をつけ、正解の根拠が思い出せない問題は解説を再読して覚えるべきポイントを確認する。

Check it out!

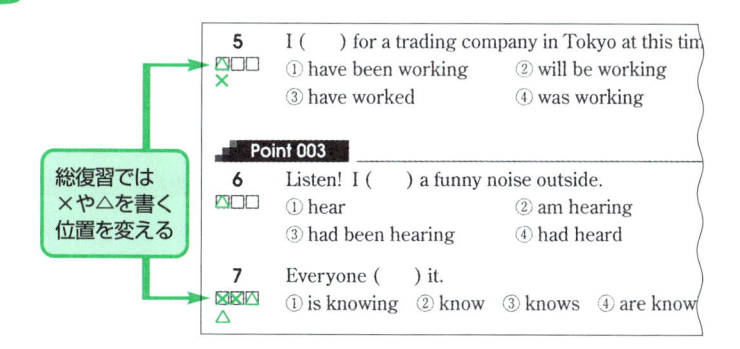

総復習では×や△を書く位置を変える

```
5   I (     ) for a trading company in Tokyo at this tim
△□□    ① have been working    ② will be working
×       ③ have worked          ④ was working

    Point 003

6   Listen! I (     ) a funny noise outside.
△□□    ① hear                  ② am hearing
        ③ had been hearing      ④ had heard

7   Everyone (     ) it.
⊠⊠△    ① is knowing    ② know    ③ knows    ④ are know
△
```

STEP ❾ 根拠を考えながら間違えた問題を潰す

1290問の解き直しを終えたら、残り2週間で×印と△印の問題だけを反復して完璧に覚える。「2週間で3回転、全問制覇」を目標にする。すでに何度も目にしている問題なので、ともすれば正解の選択肢の"位置"を「視覚的に覚えている」可能性がある。しかし、"視覚的記憶"で解けても「知識を適用した」とは言えないので、仕上げの段階では「正解の根拠を考えながら解く」ことを意識して問題に当たってほしい（特に文法問題）。

POINT 1● ×印が連続した問題は「誤答の根拠」を明確にする

　総復習で×印が2回連続してついた問題は、ちょっとした思い違いをしているか、正答の根拠をきちんと理解できていない可能性が高い。こうした場合、視点を変えて、自分がつい選んでしまう「誤答」が「なぜダメなのか」の理由を理解して覚えておくとよい。問題番号251を例に説明しよう。

Point 071

251 "Kathy and her sister are so alike." "Yes, I can't tell one from ( )."
□□□
① another　② other　③ others　④ the other　〈センター試験〉

　正解は④の the other なのだが、2回続けて①の another を選んでしまったとする。解説には「＋プラス」で①がなぜダメかの理由が書かれている。

Point 071　　相関的に用いる不定代名詞の用法

問題251～254は、左頁の【整理26】の内容を正確に押さえればよい。

251 one と相関的に用いる the other「残り1人[1つ]」　　〈標準〉

▶ 対象が2人[2つ]の場合は、一方を one で、もう一方を the other で表す(→【整理26】の(1))。other は代名詞で「他の物[事／人]」の意味を表す。残りが1人なので、定冠詞の the で other を限定するのである。

＋プラス ①another は不可。another は「an＋other」と考える。other に不定冠詞の an がついているわけだから、本問の場合は「不特定の別の姉[妹]」を表してしまう。

▶ **tell A from B**「AをBと区別する」は重要イディオム(→**944**)。

　解説を読むときは、こういう部分に特に注意し、「正答の根拠」はもちろん「誤答の根拠」も理解しておくと、"知識の適用力"が格段に高まる。

POINT 2 ● 知識を"適用可能な形"で整理する

『ネクステ』のような参考書をやっていても、模試や実力テストの文法問題で思うように点が伸びない人が少なくない。参考書に出ていないような難しい知識を問われることも稀にあるが、多くの場合は"知識の整理法"がうまくないために、とっさに応用が利かないことからくる失点である。

例を出して説明しよう。下は中央大学・経済学部の入試問題で、空欄補充の文法問題である。

> The accident almost (　) him his life.
> 1. cost　2. robbed　3. lost　4. deprived

この問題で、確信を持って1のcostを選べた人は、知識が"適用できる形"で整理できていると思ってよい。では、この問題に適用する知識が『ネクステ』のどこに載っているのかを紹介しておこう。下の578がcostの用法、602がdepriveの用法、603がrobの用法を問う問題である。

578 家のペンキを塗りかえてもらうのにずいぶん費用がかかりました。
It (money / cost / a lot of / me / house / repainted / my / have / to). 〈京都学園大〉

Point 147

602 He deprived me (　) my political power.
① from　② of　③ to　④ with 〈拓殖大〉

603 The man robbed (　) on her way home from the office.
① her handbag　② her handbag of her
③ her from her handbag　④ her of her handbag 〈名古屋外大〉

それぞれの解説を掲載しておく。

> **578** cost A B「AにB(費用)がかかる／AにB(犠牲など)を払わせる」 【標準】
> ▶ cost A B「AにB(費用)がかかる」を用いた表現の It costs A＋お金＋to do「Aが…するのに(お金が)～かかる」で英文の骨格を作る。to do の部分に have A done「Aを…してもらう」(→**543**)を用いる。
> ➕プラス cost A B の B に「金額・費用」ではなく、time, life, health などが来る場合は「A に B(犠牲など)を払わせる」の意味になる。
> One mistake can *cost* you *your life*.
> (ひとつのミスでも命を落とすこともあるよ)

> **Point 147**　depriveの用法とdeprive A of B型の動詞
> **602** deprive A of B「AからBを奪う」 【標準】
> ▶ この of は「分離・はく奪」を表す。この of を用いて,「S＋V＋A＋of＋B」の形をとる動詞は重要(→【整理62】)。AとBを逆にしないこと。
> **603** rob A of B「AからBを奪う」 【標準】
> ❶注意 Aには通例、「人」が来る。
> ➕プラス 紛らわしい表現の steal A「Aを盗む」はAに「人」ではなくて「物」が来る。
>
> **整理 62**　「S＋V＋A＋of＋B」の形をとる動詞—deprive A of B型
> deprive A of B「AからBを奪う」, rob A of B「AからBを奪う」, clear A of B「AからBを取り除く」, cure A of B「AからBを取り除いて治す」, rid A of B「AからBを取り除く」, relieve A of B「AからBを除いて楽にする」

　要するに、「cost は二重目的語をとる動詞、deprive と rob は 'deprive (rob) A of B' の形で使う動詞」と整理しておけばよいわけだ。

　ただ、人によっては、たとえば「rob や deprive は本当に二重目的語をとらないのか」といった疑問が生じて不安になり、確信を持って解答できなくなるかもしれない。この手の疑問は『ネクステ』の中だけでは解決できないので、辞書で調べるしかない。気になることが出てきたら、手間を惜しまず辞書や文法書で調べるクセをつけ、それでも解決できなければ英語の教師に聞く。こうした"攻めの姿勢"で勉強するうちに、揺るぎない実力がついてくる。これは『ネクステ』に限ったことではないので、日々の勉強で実践してほしい。

著者 ● プロフィール

和田秀樹（わだ・ひでき）

1960年大阪生まれ。
灘中に入るが高１までは劣等生。
高２で要領受験術にめざめ、東大理Ⅲに現役合格。
独自の指導ノウハウをもとに、志望校別・通信指導「緑鐵受験指導ゼミナール」、
中高一貫専門塾「和田塾・緑鐵舎」を主宰。
磐城緑蔭中学校・高等学校（福島）、共栄学園中学高等学校（東京）など、
全国各地の学校コンサルティングにも携わる。
精神分析（主に自己心理学）、集団精神療法学、老年精神医学を専門とする。
現在は国際医療福祉大学教授、一橋大学経済学部非常勤講師。
著書：『中学生の正しい勉強法』（瀬谷出版）
　　　『公立小中高から東大に入る本』（幻冬舎）
　　　『学力をつける100のメソッド』（PHP研究所、陰山英男氏と共著）
　　　『学校に頼らない和田式・中高一貫カリキュラム』（新評論）
　　　『和田式勉強のやる気をつくる本』（学研）
　　　『「絶対基礎力」をつける勉強法』（瀬谷出版）
　　　『国語力をつける勉強法』（東京書籍）
　　　など多数。

ホームページアドレス　　http://hidekiwada.com
緑鐵受験指導ゼミナール　http://www.ryokutetsu.net

伸びる！英語の勉強法

2012年10月25日　初版第１刷発行

著者　　和田秀樹
装丁・本文デザイン　諸星真名美
発行者　瀬谷直子
発行所　瀬谷出版株式会社
　　　　〒102-0083　東京都千代田区麹町5-4
　　　　電話03-5211-5775　FAX03-5211-5322
　　　　ホームページ　http://www.seya-shuppan.jp
印刷所　株式会社フォレスト

乱丁・落丁本はお取り替えします。許可なく複製・転載すること、部分的にもコピーすることを禁じます。
Printed in JAPAN ⓒHideki Wada

大好評! 和田秀樹の「勉強法」シリーズ

最新刊

伸びる! 英語の勉強法
定価1200円+税

「基礎」からの飛躍!
センター9割超、難関大突破の
英語力をつける最強プラン。

「絶対基礎力」をつける勉強法
定価980円+税

英語の偏差値50に届かないキミへ!
「絶対基礎力」は志望校突破の最低条件。
和田式「絶対基礎力」強化プランで
英数の基礎固めをしよう!

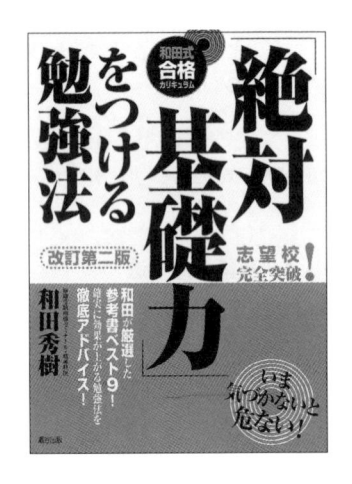

改訂版 中学生の正しい勉強法
定価1200円+税

私立トップ中学に負けない実力がつく!
大学受験を目標にした、中学からの勉強法。
正しい戦術="英数の先取り学習"で
「受験基礎力」をつけよう!

瀬谷出版